I0122370

PETIT COURS

DE POLITIQUE

ET

D'ÉCONOMIE SOCIALE

à l'usage

DES IGNORANTS ET DES SAVANTS.

737

PARIS

A LA LIBRAIRIE SOCIÉTAIRE,

AUX BUREAUX DE LA DÉMOCRATIE PACIFIQUE,

Rue de Seine, 10.

1844.

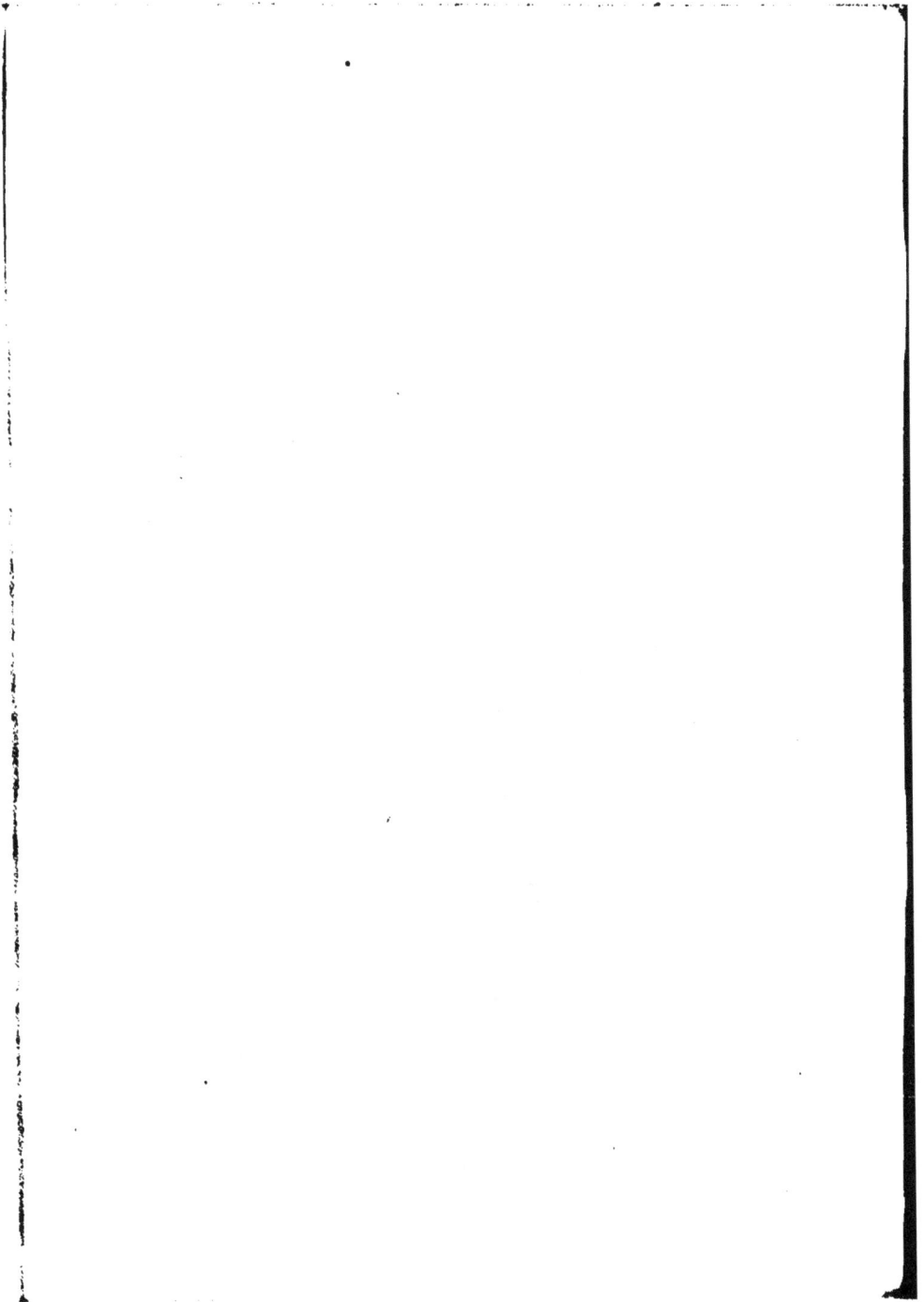

AVERTISSEMENT.

Ce petit livre est extrait d'une grosse brochure que l'École sociétaire publia au commencement de 1836, sous le titre de *Débâcle de la Politique en France* (1).—Mais qu'est-ce que l'École sociétaire? — Lisez et vous verrez. — Mais encore pourquoi réimprimer l'extrait d'une vieille brochure? Sans avoir le parfum des roses, les brochures en ont le destin : naître le matin pour mourir le soir, quelquefois plus tôt. A quoi bon bon ressusciter un livre, mort inconnu?

Pourquoi, ami, lecteur? Nous vous le dirons si vous nous permettez à notre tour une petite question. — Soit, parlez! — Eh bien! ne serait-il pas indiscret de vous demander si depuis sept à huit ans il ne s'est pas fait dans votre esprit quelques changements en ce qui touche aux choses politiques. — Oh! certainement, nous avons tous acquis de l'expérience, et, en vérité, nous sommes un peu revenus de beaucoup de préjugés. — Très bien ; l'auteur de ce livre était revenu de ces préjugés avant vous ; et il a écrit son livre malgré ses amis, qui lui

(1) L'auteur, qui garda alors l'anonyme, est M. V. Considerant.

riaient au nez; cet ouvrage n'a pas eu un grand
retentissement; mais il s'est infiltré tout dou-
cement à travers la société, et a été beaucoup
lu par bien des gens qui ne s'en sont pas vantés,
tout confus qu'ils étaient de voir réduite à leur
juste valeur, c'est-à dire à fort peu de chose,
leur opinion politique. Vous qui en avez déjà
fait le sacrifice de bonne grâce, vous serez as-
surément charmé de voir fustiger un peu ces
malencontreux sophismes qui vous ont trompé
si long-temps. Puis après, si vous voulez jeter
les yeux sur un catalogue de livres de l'École
sociétaire, qui est à la suite de cet extrait, vous
verrez si vous devez essayer de chercher dans
ces livres quelque lueur de vérité. C'est le commencement de la sagesse, vous le savez bien,
que de reconnaître que l'on s'est trompé; mais
cette sagesse deviendrait une folie pire que toutes les autres, si l'on en restait là, et si on ne
cherchait pas à connaître le vrai. Dans toute l'Europe, et notamment en Angleterre et en France,
les maux sociaux grandissent tous les jours
malgré une merveilleuse prospérité. D'où vient
cette contradiction? d'où vient que, tandis que,
d'un côté, la société croît en science et en puissance industrielle, d'un autre côté, elle s'af-
faiblit par le relâchement de tous les liens, et
est sans cesse menacée de révolutions plus vio-
lentes encore et plus destructives que celles du
passé?.... Mais jugez et lisez vous-même si notre auteur n'a pas eu bien souvent raison.

PETIT COURS

DE POLITIQUE

ET

D'ÉCONOMIE SOCIALE

à l'usage

DES IGNORANTS ET DES SAVANTS.

———— o ————

§ I.

Ce que l'on doit entendre par *la Politique.*

Je veux parler sur les choses politiques et je veux le faire franchement, nettement, sans déguiser ma pensée. Si les pensées sont vraies, si les idées sont justes, si les raisonnements sont concluants, c'est ce qu'il faudra voir, ce dont il faudra s'enquérir. Qu'importe le reste ? si l'on trouve ici des vérités utiles, faudra-t-il repousser ces vérités parce qu'elles ne sont pas d'accord avec telle ou telle manière de voir ?

Tout homme, en venant au monde, apporte au fond de son cœur le sentiment inné de la justice et l'amour de la vérité. Ces sentiments ne s'oblitèrent pas dans le cœur; seulement, de nos jours, ils restent habituellement au fond; ils ne se montrent au dehors que par moments, quand la volonté les évoque. On comprend ce qui est juste et vrai, quand on le désire. Nous serions heureux que le lecteur voulût bien se mettre dans cette disposition pour quelques heures, — le temps de lire cet écrit. Il s'agit d'opinions, de théories, d'idées, à juger : c'est donc l'esprit calme du juge, non l'esprit passionné de l'homme de Parti, qu'il conviendrait d'apporter ici.

La *Politique*, entendue avec tout le monde, dans le sens actuel et pratique du mot, désigne ici pour nous l'ensemble des théories ou opinions belligérantes, relatives aux principes constitutifs du gouvernement, ou aux différents systèmes administratifs qui se disputent les portefeuilles, pour le plus grand bien de la nation, sans doute, — puisque les assaillants de ces portefeuilles et ceux qui les défendent, ne s'entendant sur aucun autre point, s'entendent toujours sur celui-là.

§ II.

Comment il y a trois cent mille moyens de rendre la France heureuse : et, subsidiairement, du caractère de la SCIENCE politique.

Chaque Parti politique, chaque opinion politique a la prétention, d'abord, d'avoir en main la Justice, l'Ordre, la Liberté, et en définitive le bonheur de la France ; peut-être même irait-on jusqu'à celui de l'Europe, mais ça n'est pas aussi sûr. Au reste, quand nous employons le mot Parti et opinion politique, entendons bien que nous ne voulons pas caractériser un être réel, existant ; un Parti, c'est une pure entité, un être de raison, quelque chose de vague et d'insaisissable, composé de beaucoup de gens qui ont plusieurs mots communs et servant de point de ralliement dans les batailles de la Presse et de la conversation pendant ou après le dîner. Mais qu'il y ait dans les Partis des idées communes, qu'il y ait quel-

que unité de pensée, qu'il y ait même des idées ar-
rêtées, des doctrines précisées et positives, c'est ce
que personne n'a jamais vu encore ; de telle sorte
que quand nous disons le parti A, B, C,... nous voulons dire l'ensemble des personnes qui ont étiqueté
sous le nom du parti A, B, C, D, etc., leur opinion
personnelle.

Or, on ne peut pas se figurer combien sont divergentes et peu d'accord entre elles les idées de toutes
les personnes qui ont mis à leur opinion individuelle
l'étiquette commune. Ces opinions sont si peu liées,
elles forment si peu corps de doctrine, qu'il n'y a même
pas, parmi les deux ou trois cent mille Français qui
jouissent d'une opinion politique, un sot acceptant
passivement l'opinion de son journal (il en est bien
quelques uns de cette sorte dans le nombre), qui,
nonobstant, n'ait la prétention décidée d'avoir *son
opinion à soi*. « Monsieur, j'ai mon opinion à moi,
je vous prie de le croire. » Si vous contestiez cela à
votre interlocuteur, il se regarderait comme insulté ;
et cette formule si tranchée renferme bien l'idée que
l'opinion à *soi* est une opinion faite par *soi*, qui a
origine en *soi*, et qui diffère positivement de celle
des autres...

Dès lors, vous voyez qu'il n'y a pas seulement trois
ou quatre moyens de rendre la France heureuse,
comme on pourrait le croire, si on ne faisait attention
qu'aux 3 ou 4 partis qui se disputent le pouvoir,
mais deux ou trois cent mille au moins ; c'est beaucoup ; nous pourrions dire que c'est trop : et, sans
doute, un seul qui serait bon vaudrait mieux.

Parlant raison, il est certain, que pour tout homme
de sens, l'existence simultanée dans un pays de deux
ou trois cent mille opinions politiques différentes,
prouve que la science politique n'est pas constituée
dans ce pays. N'y eût-il que six, que quatre opinions

belligérantes si vous voulez, leur lutte, leur combat,
prouverait encore la même chose; car, enfin, il n'y a
pas six ou quatre opinions chimiques, six ou quatre
opinions astronomiques, géométriques, algébriques,
etc. , dans toutes les parties de ces différentes
branches où la science est faite. Mais, dira-t-on, dans
de pareils ordres de choses, il était bien plus facile
de constituer la science que dans l'ordre politique.
Nous répondons que quand cela serait, ce n'est point
ce dont il est question ici. Nous ne disons pas qu'il est
plus ou moins difficile de constituer la science politique que telle ou telle autre science, nous établissons
seulement d'une manière péremptoire et indéniable
qu'elle n'est pas constituée.

Ici pourtant, beaucoup de ceux qui ont leurs raisons pour cela, voulant à toute force éviter d'être
face à face avec la question, cherchent encore à
échapper par l'argumentation suivante : ils disent,
« qu'il n'en est pas de la science politique comme
» d'une science naturelle ou mathématique, où cha-
» cun accepte la vérité parce qu'elle ne blesse les
» intérêts de personne; qu'en politique les hommes
» n'acceptent pas la vérité quand elle est contraire
» à leurs intérêts, etc. » Cet argument est très répandu, car il est à l'usage de chaque Parti, de chaque
opinion individuelle; même on peut dire qu'il est
d'un usage facile et commode : vous savez bien qu'en
Politique on passe les neuf dixièmes du temps des
discussions à dire aux Partis adverses, que tout irait
bien s'ils n'étaient pas là, à la traverse, avec leurs
vils intérêts, leur corruption, leurs mauvaises passions, etc., etc. ; enfin, ce que vous avez lu cinq
cents fois. Eh bien ! ces beaux mouvements d'éloquence politique qui composent à peu près toute
l'affaire, et qui sont commodes pour la rédaction
d'un journal ou d'un discours, parce que c'est tou-

jours la même chose, ne sont rien que des traductions plus ou moins oratoires, et plus ou moins poétiques, de cet argument que nous disions tout-à-l'heure. Il est donc très répandu et fort employé, cela est vrai ; — mais c'est un malheur, car il est bien mauvais.

En effet : prenons l'astronomie. Les mouvements des corps célestes sont l'affaire de l'astronomie. Avant qu'on eût trouvé la vraie raison de ces mouvements, on avait sur eux mille systèmes faux, qui contrariaient plus ou moins les faits, rendaient compte des uns et non des autres ; c'était le temps de l'astrologie. La science astronomique n'était pas constituée ; il y avait alors anarchie dans les opinions qui différaient beaucoup et disputaient entre elles. Cette anarchie ne cessa que lorsque l'on eut trouvé la formule conforme à la vérité : et l'on reconnut qu'elle y était conforme, parce que, *comprenant tous les faits astronomiques, elle satisfait à tous également*. Ce fut de ce jour-là seulement que la science astronomique fut constituée.

Ainsi une science est constituée quand on a découvert la formule qui comprend et lie tous les faits qui la concernent, et satisfait également à tous à la fois.

Or si la Politique, comme elle le prétend elle-même, a pour objet les faits sociaux, les intérêts généraux et particuliers, il résulte incontestablement de ce que nous avons dit, que la science politique ne peut être constituée que par la découverte d'une formule qui contienne une loi de combinaison de ces intérêts, *comprenant tous ces intérêts et les satisfaisant tous également*.

Ce qui fait que quand on soutient une théorie en disant que si elle est repoussée, c'est par les intérêts qui lui sont opposés et qu'elle froisse, cela

1*

revient exactement à dire que cette théorie est fausse, puisqu'elle laisse certains intérêts hors d'elle, qu'elle les repousse et les sacrifie, pendant que le caractère de la formule politique véritable est de les satisfaire tous.

Et si l'on répond à ceci, toujours pour échapper à la logique, au bon sens et à la question, qu'il est impossible de satisfaire tous les intérêts ; cela ne veut pas dire autre chose sinon que celui ou ceux qui parlent ainsi ne voient pas, ne connaissent pas le moyen capable de combiner tous les intérêts, de les satisfaire tous, et de plus, qu'ils se reconnaissent incapables de le découvrir, et par conséquent incompétents dans la question politique telle qu'elle doit être raisonnablement et humainement posée.

§ III.

Qu'il est difficile de trouver ce qu'on ne cherche pas ; et comment il se fait que l'on est tantôt pour le séné, tantôt pour la rhubarbe.

Toujours est-il que si l'on convenait franchement que la science politique n'est pas constituée, que nos discussions de Parti et de Presse, ayant mal pris la question, et ne s'occupant qu'à se battre en brèche les unes les autres, ne sont pas en bonne voie pour arriver à solution, ce serait déjà un bon pas de fait ; car au lieu de continuer ces luttes ridicules, aveugles et malfaisantes, dans lesquelles on gaspille si misérablement de bonnes et belles facultés, on se mettrait à l'ouvrage pour constituer la science ; on examinerait les bases de la question, qui sont les intérêts divers et aujourd'hui opposés ; on étudierait leurs différentes exigences ; on chercherait les moyens de les accorder entre eux. Ce serait bien étrange qu'en s'occupant exclusivement à se faire la guerre les uns les autres on trouvât les conditions d'un bon traité de paix, favorable aux uns et aux autres! Il faudrait pour cela un miracle, et nous ne sommes plus au temps des miracles.

Ceci montre, au reste, l'origine de cette opinion irréfléchie, absurde, et par malheur si fort enracinée dans les esprits, que les intérêts qui disputent aujourd'hui ne sont pas susceptibles d'être amenés à l'accord par une meilleure combinaison des choses : il est simple que l'on ne croie pas à la possibilité de cet accord, quand on n'en a jamais cherché les conditions, quand au contraire on n'a travaillé qu'à perpétuer leur hostilité en consacrant tout le temps et toute l'intelligence à rendre cette hostilité plus vive et plus acharnée.

Voyez donc combien tous ces gens-là se trompent. Pour faire beau jeu à la Politique, supposons que les deux ou trois cent mille opinions se réduisent à deux seulement : d'un côté ceux qui ont mis le mot de *Liberté* sur leur drapeau, de l'autre ceux qui ont pris l'*Ordre* pour devise. Remarquons, d'abord, que ces opinions ne sont pas autre chose que l'expression de l'intérêt du Parti qui les met en avant, car vous voyez bien que dans nos agitations politiques, ce sont toujours ceux qui ont l'avantage du moment qui sont pour l'Ordre ; et ceux qui ont le désavantage, pour la Liberté. Quand la Légitimité était au pouvoir, elle demandait l'Ordre ; aujourd'hui qu'elle n'y est plus, elle combat avec la République qui n'y est pas non plus, au nom de la Liberté ; quand le parti libéral qui est au pouvoir aujourd'hui et qui demande si fort l'Ordre, avait le dessous, son mot d'attaque était la Liberté, — on se le rappelle bien—enfin, si la République qui a pris spécialement maintenant la Liberté sous sa protection, s'emparait demain du gouvernement, demain vous la verriez en œuvre de l'Ordre, et occupée à faire un gouverne-

ment suffisamment fort et respectable ; on se souvient
qu'elle n'y allait pas autrefois de main-morte. Notez,
d'ailleurs, que nous ne nous occupons pas ici de sa-
voir si elle serait forcée d'employer les moyens
qu'elle employait alors, ou si elle en pourrait employer d'autres, — comme elle le désire sans doute :
ce n'est pas la question : nous constatons seulement
qu'elle se mettrait tout de suite à vouloir l'Ordre, et
qu'elle ne serait pas assez sotte pour ne pas modérer
quelque peu la Liberté des Partis qui voudraient la
renverser.

C'est ainsi que les affaires varient.

§ IV.

D'un vieux morceau de musique politique à deux voix.

Les voilà donc, tantôt en haut, tantôt en bas, et
vocalisant toujours ce même *duo* que nous savons
par cœur pertinemment, j'ose le dire, depuis le
temps qu'on nous le répète.

Voici ce *duo* : —

CHŒUR DES AMIS DE L'ORDRE.

« Qui êtes-vous, vous qui nous attaquez? Les fau-
» teurs du désordre et de l'anarchie ! les ennemis
» des lois et du pays ! les perturbateurs acharnés de
» l'Ordre public ! vous êtes de misérables agitateurs,
» sans cesse occupés à échauffer, remuer et soulever
» les mauvaises passions ! il faut pourtant que l'Or-
» dre que vous attaquez avec rage et fureur se ré-
» tablisse ; il faut des lois sévères pour vous tenir
» en bride. La révolte est toujours menaçante, vous
» entretenez toujours l'hydre de l'anarchie, vous
» paralysez sans cesse l'action propice d'un gouver-
» nement qui veut le bonheur du pays... Il faut bien

» le mettre à l'abri de vos tentatives révolution-
» naires, il faut sauver l'État, sauver la France! il
» faut *intimider* les mortels ennemis du repos et
» de la paix! il faut les frapper d'une *crainte* salu-
» taire sans laquelle le gouvernement devient im-
» possible, il faut les *terrifier*..... Finissons-en avec
» les factieux! etc., etc. » Tout cela avec divers de-
grés de verve et d'éloquence, appropriés aux temps,
aux lieux, aux circonstances du moment, et qu'il est
inutile de distinguer ici.

A quoi les autres répondent ;

CHŒUR DES AMIS DE LA LIBERTÉ

« Ah! que vous êtes bien des infâmes, vous qui
» vous prélassez au pouvoir et vous nourrissez
» des sueurs du peuple! Comme vous dévorez
» l'impôt! Comme vous vous jetez sur les trésors
» arrachés à la nation, à cette malheureuse France
» dont vous sucez effrontément le sang et les riches-
» ses! Vous êtes les ennemis mortels de la Liberté,
» du Progrès, de tout ce qui est bon et honnête!
» Vous vous engraissez là bien à votre aise, n'est-ce
» pas? La place est bonne au pouvoir, misérables
» sycophantes! Qu'avez-vous fait de vos principes,
» vous qui vous disiez les amis de la Liberté? vous
» les foulez aux pieds maintenant, renégats sans âme
» et sans cœur! A vous les places! à vous les hon-
» neurs et les richesses! à vous d'opprimer par la
» force brutale et d'y joindre la ruse et la corrup-
» tion; car tous les moyens vous sont bons; car vous
» êtes des gens sans moralité et sans conscience; car
» vous foulez aux pieds tout sentiment et toute jus-
» tice! Ah! demander à des gens comme eux de la
» conscience et de la justice, autant vaudrait deman-
» der des moissons au désert, la vie à un cadavre!

» Holà ! messieurs du pouvoir, il faut pourtant que
» cela finisse ! Croyez-vous donc que le peuple que
» vous écrasez soit disposé à supporter long-
» temps encore votre honteux despotisme ? Non, non !
» la mesure se remplit, elle sera bientôt comble
» et il faudra bien qu'elle répande. Le jour de la
» justice n'est pas loin ! Allez, allez, vous n'êtes pas
» de taille à étouffer la Liberté ! et, après tout,
» qu'êtes-vous ? rien ; une poignée de misérables, et
» il y a contre vous toute une nation généreuse qui
» est faite pour la Liberté, qui veut la Liberté ! Ah !
» etc., etc. »

(Le plus curieux est qu'il y a beaucoup de vrai de
chaque côté.)

§ V.

De diverses sortes de fruits de la Politique.

Mais, bon Dieu ! où voulez-vous donc que tout cela
mène ? Qu'est-ce que vous pensez tirer de tout cela ?
—De temps en temps, une révolution, une usurpa-
tion, une restauration, et puis des quantités de
chartes et de constitutions ! Des constitutions qui ne
constituent rien du tout encore, qui déplacent ceux-
ci et placent ceux-là ; qui donnent de la tablature
aux plumes des écrivassiers de journaux, des occa-
sions pour varier le vieux thème que nous venons de
dire ; qui prennent un temps d'enfer aux amateurs
des matières politiques ; qui font fleurir les cabinets
de lecture, et éreintent l'agriculture, les arts, le commerce ; qui vous promettent l'ordre. la liberté, la
justice, la vérité, la prospérité de la France, toutes
sortes de merveilles, que sais-je ? et qui vous donnent
la guerre à l'intérieur, la guerre à l'extérieur, des
doublements et redoublements d'impôts, des charges
toujours croissantes. Tout cela nous perd notre temps,

notre argent, et nous fait du mauvais sang, sans compter que cela nous en prend.

Pendant ce temps-là, il y a vingt trois millions de pauvres gens qui labourent la terre comme des forçats ; huit millions qui travaillent comme des galériens dans les ateliers et manufactures ; qui paient, paient, et paient toujours ; qui mangent de mauvais pain quand ils en ont ; qui donnent leurs garçons à la conscription tous les ans, leurs filles aux grandes villes pour l'usage de ceux qui s'en servent ; qui souffrent comme ont souffert leurs pères, et ne font pas un pas sans que la misère se mette en route avec eux ; enfin qui n'ont pas de meilleure perspective que l'hôpital quand la maladie les prend. Ces trente-un millions de Français dont nous parlons ici sont bien de la nation, j'imagine, quoiqu'ils ne jouissent pas d'une opinion politique et s'en soucient peu ; la Politique ne fait pas mieux aller leurs affaires, au contraire ; et quand il arrive qu'elles ont un moment de mieux, c'est justement quand la politique calmant un peu son zèle bruyant pour le bien public, laisse la nation respirer un instant en paix. Quand il y a quelque amélioration pour le peuple, ce n'est pas plus par les perfectionnements et les recrudescences de la Politique que par les recrudescences du choléra, mais c'est bien par les perfectionnements de l'industrie, de l'agriculture, et les recrudescences du travail productif.

Plus les discussions, luttes et batailles politiques sont vives, acharnées, brûlantes, plus les sources de prospérité publique diminuent, et moins bien vont toutes les affaires, si ce n'est celles des écrivains de journaux politiques, actionnaires de journaux politiques, faiseurs de journaux politiques, et de toutes espèces de brochures, livres, pamphlets et commerces politiques. Après cela, vous direz : Il faut que la nation

française, réputée si spirituelle, soit bien bête pour
se laisser toujours, au grand toujours, leurrer,
bafouer, mener, endoctriner et prendre son argent
par ces gens-là. — C'est vrai, et nous sommes de votre
avis.

§ VI.

Du tort que la Politique a eu de séparer l'Ordre et la Liberté, et des boutons de la garde nationale

Voyez, au reste, comme la Politique (sur laquelle
il convient de jeter tout le mal, et qui divise tant
d'hommes réellement faits pour s'estimer et se comprendre) a mal emmanché son affaire, — passez-nous
l'expression, — elle a fait deux camps, l'un pour
l'Ordre, l'autre pour la Liberté; et puis, elle a canton-
né dans ces camps les Partis qui n'en démarreraient
pas pour un empire, ou plutôt qui n'en voudraient
démarrer que pour un empire.

Nous savons bien qu'il est assez agréable et satisfaisant de se dire, — à part soi, — et même de dire
tout haut, très haut, d'un côté : « Nous sommes les
» vrais bons citoyens, nous, les hommes amis de
» leur pays, des lois, de l'Ordre; et nous n'avons
» pour ennemis que ces agitateurs à mauvaises
» passions qui seraient enchantés de bouleverser
» tout un pays pour assouvir leur ambition. »

Et de l'autre côté : « Nous sommes, nous, les
» hommes du pays, du peuple, dévoués avant tout
» au bonheur de la nation, prêts à verser notre sang
» pour la conquête de ses droits; nous sommes et
» serons toujours les hommes de la Liberté, et nous
» n'avons, en face de nous, que ces misérables qui
» barrent la route au progrès, gouvernent par la
» corruption, vendent, trafiquent, pompent, sucent,
» etc., etc., » enfin tout ce qu'on dit en pareille
circonstance.

Cela est vrai, il est satisfaisant de se rendre cette justice de chaque côté ; mais cela n'empêche pas que la Politique n'ait eu tort et très tort de mettre ainsi dans deux camps séparés et hostiles, l'Ordre et la Liberté. Ici j'entends quelqu'un dire qu'à la révolution de juillet, on a écrit sur les corps-de-garde de la garde nationale : *Liberté-Ordre public* ; et que ces deux mots se voient encore unis sur les boutons de cette même garde nationale ; — nous ne nions pas le fait, nous disons même que cela était très bien, et prouvait de la bonne volonté, un excellent esprit et les excellents désirs de cette garde nationale qui a aimé et voulu cette devise. Pourtant, cela ne suffit pas ; on a uni les deux choses sur les corps-de-garde et sur les boutons ; on a bien fait, nous le répétons ; mais la Politique n'a pas eu de respect pour cette manifestation, et les deux choses demeurent toujours séparées dans les Partis, quoique unies sur les boutons et sur les corps-de-garde.

Ainsi, en l'absence de la Liberté, point d'Ordre véritable, point d'Ordre stable même (à moins d'une énorme compression sur laquelle nous ne devons pas spéculer).

La Liberté est donc la condition de l'Ordre, comme l'Ordre est la condition de la Liberté.

De plus, *l'Ordre et la Liberté ne peuvent résulter absolument que par la parfaite harmonisation des intérêts ; ou, — si vous ne voulez pas l'expression absolue, mais seulement l'expression relative : — on ne peut faire des conquêtes progressives, dans le sens de l'Ordre et de la Liberté, qu'au fur et à mesure qu'on sait réaliser l'accord d'un plus grand nombre d'intérêts.*

L'Ordre et la Liberté sont donc parfaitement corrélatifs à la nature de la combinaison des intérêts sociaux, et sont la conséquence de l'état

même de cette combinaison : si bien que si vous
supposiez une nation où l'harmonie des intérêts serait parfaite, l'Ordre et la Liberté seraient absolus
dans cette nation ; et si sous supposez une nation
dans laquelle, au contraire, les intérêts sont tous
parfaitement opposés, le désordre y sera parfait, et
la Liberté nulle.

§ VII

De la manière dont se fait l'instruction politique d'un jeune
Français, et d'un ridicule que commence à se donner la
génération nouvelle aux yeux de l'ancienne, qui avait bien
plus d'esprit qu'il ne semble.

L'erreur amène la lutte ; la lutte, le triomphe ; le
triomphe, l'excès ; l'excès, la révolte, etc., en tour-
nant. Qu'y gagnez-vous ? — des horions ; puis vous
transmettez vos traditions à la génération suivante.
Quand vos enfants sortent du collège, — et même
avant, — ils mettent le nez dans cette Politique, à laquelle vous ne voyez déjà rien du tout, comme nous
le disions tout à l'heure ; ils se lancent avec l'ardeur
de leur âge dans ces disputes qu'ils prennent pour
quelque chose, à cause du bruit qu'elles font et du
monde qu'elles occupent. A dix-sept ans ils ont
une opinion et une canne comme il convient à
des grands garçons ; puis ils la conservent ou la
changent, — je parle de l'opinion, — suivant les combinaisons de leurs caractères plus ou moins chauds,
plus ou moins froids, de leurs intérêts et des choses ;
et les voilà tout aussi avancés, tout aussi grands politiques et tout aussi capables de dire et de faire
beaucoup de sottises, que leurs pères. — C'est par
ce procédé que la guerre perpétue la guerre.
Après cela, nous autres de la génération que voici,
avons-nous réellement tort de vous dire que le jeu

dure depuis bien long-temps, et que c'est assez? Les modes varient avec les temps. Vous avez eu la manie de vous quereller, de vous battre, de vous tuer; nous avons, nous, la manie de vouloir nous accorder. — Sans doute vous devez trouver cela fort amusant et fort ridicule. Cette génération présomptueuse, qui ne veut pas suivre vos traces, et qui veut mettre tous les intérêts d'accord, — comme si c'était possible!... — Eh bien! oui, là, elle aime mieux cela. Elle paraît décidée à présenter sa voile au vent des améliorations sociales, et à laisser là vos vieux canons et vos rouillardes politiques. Qu'y voulez-vous faire? toutes choses passent, même les meilleures.

C'est que c'est vrai, au moins, que ces gens-là qui ont occupé leur vie à quereller et à batailler, nous trouvent bien ridicules, nous qui dirigeons notre intelligence sur l'étude des moyens qui peuvent amener la convergence des intérêts aujourd'hui opposés! Nous leur semblons de drôles de rêveurs, avec nos utopies de bonheur, d'accord, d'harmonie, de travail, à eux qui sont convaincus en âme et conscience que le bon Dieu a mis les hommes sur une terre propice et féconde, tout exprès pour qu'ils la ravageassent, et qu'ils s'entre-disputassent, s'entre-volassent, s'entre-pillassent, s'entre-tuassent, etc......... indéfiniment.

C'est si bien pour eux un principe arrêté, un axiome, que si vous parlez devant eux comme croyant à la possibilité du bonheur, de l'accord universel, ils pensent que vous êtes fou, même quand ils n'en disent rien, par politesse. Or, comment, je vous prie, voudriez-vous qu'ils eussent trouvé les moyens d'une chose qu'ils regardent *a priori* comme impossible? Est-ce une disposition d'esprit qui puisse conduire à la découverte des moyens d'accord, que celle qui fait dire par les gens soi-disant raisonnables qui ne s'en

occupent pas, aux gens prétendus insensés qui s'en
occupent, « vous feriez bien mieux de penser à vous
et à vos affaires que de poursuivre des chimères pour
le compte du genre humain? » — Sur les choses générales, on vous passera tant que vous voudrez une
opinion, c'est-à-dire un bavardage, un système de
déclamation contre ceux-ci ou contre ceux-là; mais
prenez garde à vous si vous avez ou si vous êtes en
disposition de chercher un plan pour coordonner
et systématiser ce qui est divergent dans ces choses...

§ VIII.

Que dans la Politique comme dans les amusettes, on n'en finit
pas toujours quand on s'embrasse *pour que cela finisse.*

Ainsi, suivant nous et malgré le ridicule qui pourrait s'attacher à notre opinion, au lieu de continuer
les vaines et funestes querelles, il faudrait songer à
s'accorder. Bien d'autres, sans doute, ont déjà dit de
même; mais le malheur a voulu qu'ils n'avaient
jamais eu d'autre manière de finir leurs exhortations
philosophiques ou évangéliques, que par la recomman-
dation renfermée dans la touchante formule : *Embrassons-nous et que tout cela finisse....*
Embrassons-nous, je le veux bien, cela ne nuira pas;
mais ce n'est pas tout de s'embrasser, cela prouve seulement que l'on a envie de se mettre d'accord, cela
ne prouve pas encore qu'on saura s'arranger pour
s'y mettre. — C'est une chose très fâcheuse que les
meilleurs cœurs du monde fassent toujours la faute
de prendre leurs intentions, leurs vœux, leurs bons
désirs, pour des *moyens.* C'est ce qui fait que depuis
long-temps on croit avoir tout dit quand on a prêché
aux hommes la charité, l'amour de la paix, la philanthropie, la vertu, etc.; en un mot, quand on leur

a dit, soit dans une chaire de prêtre, soit dans une élucubration de moraliste : vous êtes frères, vous devez vous aimer les uns les autres, le ciel le veut, la morale le veut ; enfin tout ce qui a déjà fourni en sermons, prédications, exhortations, de quoi couvrir la terre de feuilles de papier imprimé, et qui, au fond, se réduit toujours à la simple formule : *Embrassons-nous*, etc.

C'est vrai, que si l'on mettait les unes à côté des autres les feuilles de papier contenant tout ce qui a été dit ou écrit de morale chrétienne ou philosophique, non pas dans tout le monde, mais seulement dans notre petit coin européen, et même sans remonter au-delà de dix-huit cents ans, cette morale imprimée couvrirait le monde entier, qui est bien grand puis-qu'il a neuf mille lieues de circonférence. Eh bien ! à quoi cela a-t-il amené ? à rien du tout. Nous ne nous accordons et ne nous aimons pas plus qu'il y a deux mille ans. Nous sommes plus ou moins grossiers, plus ou moins polis, suivant les époques et les circonstances; mais l'écorce seule change, et nos vices prennent bien des formes, des couleurs, des tons variés à l'infini, et ne diminuent guère. Toute cette morale-là a seulement ouvert la digue à un débordement de ruse, de fausseté et d'hyppocrisie, que les époques plus franches sont loin de voir se répandre aussi largement. Quant aux caractères qui ont pris la chose au sérieux , c'étaient, pour la plupart, des natures qui auraient pu s'en passer sans se moins mal conduire pour autant.

Voilà donc que jusqu'ici on ne s'est guère occupé qu'à:

Les uns, — défendre certains intérêts en attaquant les intérêts opposés ;

Les autres, — prêcher aux hommes qu'il leur faut

sacrifier chacun leur intérêt (tout ou partie), à l'intérêt de leur prochain.

Or, il n'y avait pas grand'chose à tirer de ces deux méthodes, et effectivement on n'en a rien tiré de bon, malgré les intentions souvent excellentes de ceux qui en ont été les apôtres.

§ IX.

Qu'il est méritoire d'avoir de bonnes intentions, mais qu'il faut encore quelque chose avec.

Vous en êtes toujours sur vos intentions entre vous. Mais pour Dieu! qu'est-ce que les intentions font à l'affaire? Nous vous demandons ce que vous savez et proposez? vous répondez par la pureté de vos intentions! Nous vous demandons pourquoi vous attaquez les autres? vous répondez par la perversité de leurs intentions! Qu'est-ce que cela veut dire? Est-ce avec des intentions que vous combinerez les intérêts hostiles, que vous rallierez les actions divergentes? Est-ce qu'une intention de faire le bien, et un procédé pour faire le bien, sont la même chose?

Il y en a qui croient que tout irait bien, *s'il y avait au gouvernement des hommes moraux*. Mais ne s'agit pas d'hommes moraux, il s'agit d'un procédé pour arranger les affaires. Quand il sera trouvé et connu, laissez faire : s'il est capable de servir les intérêts de tout le monde, c'est qu'il est bon, et dès lors, il faudra bien qu'il soit accepté.

Il faut aimer et honorer les honnêtes gens. Mais si demain vous aviez puissance de réunir, en assemblée politique, les quatre cents plus dévoués et plus honnêtes gens de toute la France, soyez certains que, dans les circonstances actuelles, ils auraient commencé déjà, dès après-demain, à dire et faire beaucoup de sottises.

Et si, pendant que ces quatre cents plus honnêtes gens du royaume seraient à dire et faire des discours et des choses quelconques, il arrivait qu'un chef de brigands ou de flibustiers ayant avantage à maintenir la bonne harmonie entre les siens dans ses montagnes ou dans son île, découvrit l'*art d'associer les intérêts*, il faudrait bien se dépêcher de prendre et d'employer son procédé.

L'erreur que nous signalons est plus grave qu'on ne pense. C'est, en effet, parce que l'on prend les intentions pour des moyens que l'on ne va pas plus loin, et que tout en reste toujours au remplacement des hommes d'un Parti par les hommes d'un autre Parti. C'est une querelle dans laquelle on met en question la moralité respective des uns et des autres, et non pas leurs plans d'organisation (car ils n'en ont certainement ni d'un côté ni de l'autre); or cela, outre les désavantages que nous avons déjà signalés, a encore celui de rendre la discussion interminable ; car s'il est possible de discuter et juger un plan bien établi, comment voulez-vous que des adversaires politiques arrivent à s'entendre réciproquement sur leurs intentions ? Et puis, enfin, que nous font les intentions de ces messieurs ? — Est-ce là la question ? — Supposons-les toutes bonnes, et qu'on n'en parle plus. Ceux qui sont au pouvoir sentent bien que les intentions ne suffisent pas ; mais les Républicains ont avec cela réponse à tout. On leur dit :—«Vous ne vous entendez pas entre vous. »—« C'est vrai, mais nous avons de bonnes intentions. »—Vous vous battriez entre vous si vous aviez une victoire.»—« C'est possible , mais ce seraient les plus dévoués qui triompheraient. » — « Pas sûr ; et puis quel plan mettriez-vous à exécution ? comment organiseriez-vous les intérêts de l'industrie, de la propriété, etc, etc. ; enfin, votre système ? »—« Nous n'en avons

point, mais nous sommes de braves patriotes, et
tous les gens les plus dévoués seraient appelés à donner leur avis au gouvernement ; et certes le gouvernement républicain les recevrait bien !.... » —
Ce seraient les hommes dévoués qui feraient les
lois....

Que voulez vous tirer de choses pareilles ? —

Mieux que cela ; ils nous disent, à nous qui avons
un MOYEN : « Votre moyen est peut-être très bon,
même nous sommes portés à le croire. Mais ce n'est
pas ce dont il s'agit ; il faut renverser le gouvernement d'abord ; après cela le gouvernement républicain essaiera tous les moyens qu'on lui présentera. »
— « Et pourquoi voulez vous que nous vous aidions
à renverser le gouvernement ? » — « Parce que le
gouvernement ne vous laissera pas faire ? » — « En
vérité ! mais pourquoi voulez-vous que nous travail-
lions à renverser le gouvernement, sous prétexte qu'il
ne nous laissera pas faire, quand il ne nous a rien
empêché de faire, quand il ne sait seulement pas ce
que nous voulons faire, et c'est bien là le grand malheur ! car s'il le savait, il serait le premier et le plus
intéressé à le faire ? » — « Mais vous voulez vous
associer, et le gouvernement est contraire aux associations. » — « Pardon, il y a ici quelque peu abus
de langage. Le gouvernement est contraire aux associations politiques qui veulent le renverser, mais nous
n'avons pas encore vu qu'il fût contraire aux associations domestiques, agricoles, manufacturières et
commerciales, qui ont pour objet la création des richesses et de tous les moyens du bien-être physique
et moral de l'homme, et c'est ceci qui est notre affaire. » — « Hé bien ! s'il ne s'est pas encore pro-
noncé contre cela, il ne tardera pas, parce que ce
serait une chose favorable au bonheur du peuple, au
développement de son bien-être et de la liberté, et

que les hommes du pouvoir ont juré haine au peuple
et à la liberté. Ce sont des misérables qui........... »
— « Assez ; — pardon si je vous interromps, nous
connaissons le reste ; — et il n'y a qu'une réponse
à vous faire, c'est que notre moyen, qui donne la Liberté, donnant aussi l'Ordre, et favorisant autant les
intérêts des propriétaires et des maîtres que ceux des
prolétaires et des ouvriers, il n'y a pas de motif pour
que les hommes du gouvernement n'en veuillent
point ; — au contraire. »

§ X.

Où l'auteur se flatte de faire comprendre que quand une ma-
chine va mal, c'est une preuve qu'elle ne va pas bien : —
d'où il déduit la nécessité d'y changer quelque chose.

Quand on creuse la raison d'être des Partis avec
quelque indépendance d'esprit, vous voyez ce que
l'on y trouve ; rien pour l'amélioration des choses,
rien, absolument rien, pas ça... mais, en compensa-
tion, un déluge d'absurdités. — Combien de gens
en France pourtant qui ne se doutent pas encore que
c'est ainsi !

Ceux du Juste-Milieu ne sont pas pour les changements. Ils vous diront volontiers que la société est
bien comme cela, qu'elle ne peut pas être mieux,
qu'il en faut prendre son parti. Le mal ne vient,
ajoutent-ils, que des factions, des mauvaise passions,
des intrigants, — de la paresse, de l'ambition, de
l'immoralité, etc., etc. — Bon ! j'entends : tout est
bien, à l'exception de tout ce qui est mal ; c'est là ce
que vous voulez dire, et, au fond, c'est juste. Mais,
Messieurs, admettez que votre société, *produisant
ce dont vous vous plaignez*, il faut bien *y changer
quelque chose*, pour faire disparaître ce dont vous ne
voulez pas. Il est vraiment fâcheux d'être obligé de

taire des raisonnements aussi simples à des gens que les convenances ne permettent pas de traiter comme ils le méritent. C'est embarrassant ; cependant il est bien vrai que si le désordre ou les tendances au désordre, — qui soulèvent tant la colère de ces messieurs, — existent dans notre combinaison sociale, c'est bien qu'il y a dans cette combinaison des éléments qui sont intéressés au désordre, ou qui, au moins, ne sont pas assez fortement intéressés à l'ordre. Je ne crois pas que jamais M de Lapalisse, qui avait l'esprit très clair, ait rien dit de plus évident que cela. — D'où il résulte que la combinaison actuelle, *qui n'intéresse pas tous les éléments au bon ordre,* ne vaut pas celle qui les y intéresserait tous, ou qui au moins en intéresserait un plus grand nombre : en conséquence de quoi on conclut, dans l'intérêt des amis de l'Ordre eux mêmes, que de notables changements sont à faire.

Quand on parle ainsi à des Juste-Milieu, il y en a beaucoup qui comprennent assez bien. Voici leur affaire : au fond, ils ne sont pas méchants, — un peu égoïstes, mais un égoïsme plus défensif qu'offensif ; — ils ont horreur du mot innovation, non pas qu'ils soient ennemis du bonheur de ceux qui n'ont rien, eux qui ont quelque chose ; mais parce que l'on n'a jamais jusqu'ici proposé de donner à ceux qui manquent, autrement qu'aux dépens de ceux qui possèdent ; de telle sorte que l'amour pour le pauvre s'est toujours traduit par la guerre contre le riche. Il est assez naturel que l'on soit peu porté à un changement consistant à être spolié et renversé de sa position, lors même que cela vous est demandé au profit de l'humanité. — D'abord chacun de nous est à ses propres yeux la première personne comptant dans l'humanité. Il n'y a pas de raison pour commencer par un autre.

Cependant, messieurs du Juste-Milieu, faites attention qu'il n'y a rien de sensé ni même de spirituel à
nier la nécessité d'opérer des changements, par la raison qu'on ne vous en a présenté que de détestables.
— Vous ne voyez donc pas qu'en vous déclarant
ainsi contre le changement en général, vous devenez
soutiens de l'absurdité de vos adversaires ; car cela
revient à admettre qu'il n'y aurait pas d'autres changements à faire que ceux mêmes qu'ils proposent ?
Quelle sottise de leur faire une pareille concession !
Avec cette concession-là on finira toujours par vous
casser les bras ; car c'est la seule solution possible
au problème, quand vous le laissez posé dans ces
termes.

N'eût il pas bien mieux valu, je vous le demande, que vous eussiez eu l'idée de parler ainsi ,
« Oui, il y a de malheureuses classes, dénuées, souf-
» freteuses, manquant de pain, manquant d'instru-
» ments de travail, manquant souvent même de tra-
» vail ; leur force s'use par les excès, leur santé s'al-
» tère par la misère. leur intelligence reste envelop-
» pée dans ses langes, leurs facultés sont étouffées
» sous leurs habitudes grossières. Or, si tous ces gens
» qui n'ont pas de travail, ou seulement un travail
» précaire, avaient un travail assuré ; — qui n'ont
» pas d'instruments, avaient des instruments ; — qui se
» portent mal, se portaient bien ; — qui sont perclus
» de leur intelligence et de mille facultés, jouissaient
» du service actif de cette intelligence et de ces fa-
» cultés ; sans doute, si tout cela se réalisait, il y au-
» rait alors en grande abondance des sources de bien-
» être, et l'on pourrait faire participer chacun à la
» prospérité générale, si fort augmentée par ce con-
» cert de toutes les forces sociales, — et cela, sans
» prendre la part de ceux qui maintenant déjà y par-
» ticipent.... »

Je ne développe pas d'avantage l'idée : on la saisit. Disons seulement qu'en la proclamant ainsi, on avait le droit de sommer ses adversaires de produire un plan d'exécution ; on les mettait en demeure d'offrir une solution d'intelligence au problème social. De la rue, on les faisait rentrer dans le cabinet.

Mais il aurait fallu pour cela que les fortes têtes du Milieu entendissent quelque chose aux affaires, et ils ont tout juste l'intelligence aussi mal meublée que les autres. Ils ont sur les autres un avantage, un seul avantage, qui ne provient certes pas d'une supériorité d'intelligence, c'est celui *d'avoir aujourd'hui intérêt à l'ordre.*

§ XI.

Pourquoi le Parti qui a *intérêt à l'Ordre* est aujourd'hui moins anti-social que celui qui veut le renverser.

Autrefois, dans notre société française, il y avait des races d'hommes politiquement distinctes, des castes différenciées par des qualifications bien tranchées, et pour lesquelles castes il était de principe que la mesure politique et légale n'était pas la même. C'était le résultat de la conquête antérieure ; c'était une inféodation des races vaincues, oppressive et brutale, tirant son origine d'un principe oppressif et brutal. Il n'y avait pas égalité devant la loi. Quand les races que la guerre avait infériorisées furent devenues, par l'activité et le travail, riches et puissantes, elles reclamèrent l'affranchissement de la conquête, l'annulation de l'acte d'inféodation. Or, nous ne disons pas ici qu'il n'y avait pas un moyen meilleur qu'un fait révolutionnaire et brutal pour réaliser cet affranchissement; mais nous disons que ce fait d'ordre brutal pouvait, dans les circonstances d'alors, anéantir les conséquences d'un fait de même ordre. Il n'y avait en effet ici qu'à écrire dans la loi : *Tous les enfants du sol de France sont citoyens français, et tous les citoyens français sont égaux devant la loi* : et pour écrire cela, il suffisait que les inférieurs se trouvassent les plus forts et sussent écrire.

Maintenant il ne s'agit plus d'une infériorité théorique à faire disparaître de la théorie législative ou politique ; il ne s'agit plus d'un principe politique à reconnaître, et à écrire quelque part avec des déductions législatives.

Aujourd'hui, tous les citoyens français sont théoriquement égaux devant la loi.

Mais il y a des millions d'individus qui n'ont pas de pain, ou qui en ont peu ; qui n'ont pas de travail, ou qui n'ont qu'un travail misérable et précaire ; qui ne sont pas logés, ou qui sont logés comme vous et moi serions bien malheureux de l'être ; qui vivent dans la misère, dans la crapule, qui n'ont pas de plaisirs supérieurs à ceux d'une grossière et fangeuse débauche ; qui sont venus au monde avec d'admirables facultés qui pourraient réaliser des merveilles, et qui restent ensevelies sous une croûte épaisse ; qui sont venus au monde avec des passions pour aimer et jouir, et qui haïssent et souffrent ; qui font des légions d'enfants qui tous devraient être des hommes, et que l'absence d'une éducation sociale laissera devenir des brutes... — Comment changerez-vous tout cela en écrivant quelque chose sur une feuille de papier ou de parchemin ? — Vous voyez bien qu'aujourd'hui il y a tout autre chose qu'une révolution à réaliser.

§ XII.

Que le mal n'est pas que quelques uns aient trop, mais bien que presque tous n'aient pas assez.

Mais direz-vous, à côté de ceux qui sont dans le dénuement, il y en a qui ont trop... — Eh ! non ; personne n'en a trop, et presque tous n'en ont pas assez, — comme le dit très sensément le titre de ce paragraphe.

Nous vivons dans un royaume où si vous répartissiez également la fortune sur toutes les têtes, *chacun aurait onze sous à dépenser par jour.* Qu'ariverait-il, en supposant que vous puissiez établir cette communauté ? — Il ariverait que, dans un pays où il y a *beaucoup* de misérables, vous auriez rendu *tout le monde* misérable. C'est bien la peine de faire tant de bruit pour arriver à un pareil idéal ! Vous voyez bien que la France, en la considérant comme une grande famille, est une grande famille très pauvre et que la question est, avant tout, de travailler à l'enrichir. Eh bien ! ceux d'entre vous qui se croient les mieux inspirés, ne pensent encore qu'à répartir justement et égaliser, autant que faire ils pourraient, la misère ! Avisez donc à créer la richesse et à la bien répartir. Pouvez-vous *décréter* constitutionnellement la richesse de la France ? Ah ! bon Dieu, si vous le pouviez, nous nous rangerions bien vite à pareille Politique, nous demanderions à cors et à cris le changement de constitution, quoique l'on vienne de le défendre ; nous serions, nous, des premiers à vouloir que l'on mit cela dans la loi. — Mais vous ne le pouvez pas.

Nous vous le répétons, personne n'a trop, et presque tous n'ont pas assez. Songeons à augmenter la richesse générale, et à répartir équitablement l'augmentation sur toutes les têtes de ceux qui travailleront à cette augmentation. Voilà qui est possible ; car nous avons des terres, des matériaux, des capitaux, des sciences, des arts, du travail à faire et des bras qui demandent du travail, des facultés qui sommeillent, ou qui luttent les unes contre les autres, ou qui manœuvrent dans de mauvaises conditions, quand elles pourraient être éveillées et excitées, travailler de concert, travailler dans de plus heureuses conditions. Supposez que, par un miracle, toutes les forces des trente-trois millions d'individus qui composent la France soient employées demain à travailler sous la meilleure combinaison possible, à la création des richesses et des moyens de bien-être de toute nature dans le grand atelier national : ne voyez-vous pas qu'il en résulterait une richesse qui inonderait tout le monde, des sources de bien-être à dépasser tout ce que nous pouvons imaginer ! Pourquoi donc disputons-nous tant sur des misères, pourquoi nous arrachons-nous, comme des chiens, quelques os à ronger? Cela ne nous mènera jamais qu'à nous mordre jusqu'au sang comme des bêtes féroces ; et puisque Dieu ne nous a pas donné les griffes du tigre et les dents du crocodile, il est à croire qu'il ne nous destinait pas à ce genre de vie, et que c'est par erreur seulement que nous y persistons.

Ainsi, la conclusion de ce § XIIe est qu'il ne faut pas brûler les châteaux *parce que* beaucoup de pauvres gens n'ont que des chaumières ; mais qu'il vaut mieux travailler à loger dans des châteaux, — ou dans des maisons passables, si le château paraît exorbitant, — ceux qui n'ont encore que des chaumières : pourquoi prendrions-nous le Louvre au Roi avant d'avoir prouvé qu'on n'en peut pas bâtir un pour le Peuple?

§ XIII.

D'un Programme qui est encore meilleur que celui de l'*Hôtel-de-Ville*.

Nous devrions donc maintenant, — sauf meilleur avis —, nous mettre sérieusement à chercher l'ART de combiner, le mieux possible, les forces créatrices de la richesse et du bien-être, d'augmenter la puissance productive du capital, du travail et du talent, d'utiliser et développer harmoniquement toutes les facultés oisives, endormies, deviées, de faire converger et d'associer les uns avec les autres les intérêts qui se heurtent, de mettre en honneur et en activité toutes les bonnes choses, d'établir pour tous les individus une prévoyance sociale, de créer une éducation féconde et universelle, de tirer de la puissance vivifiante du globe et de la nature humaine, les immenses richesses qui y sont renfermées, de découvrir enfin tous les trésors placés par la main de Dieu dans les choses de la création.

Au lieu de nous prendre aux cheveux les uns les autres et de nous faire tant de mal pour des misères, prenons notre globe corps à corps, dirigeons sur son exploitation harmonique et combinée ces forces immenses que nous perdons si peu raisonnablement dans nos funestes luttes politiques, industrielles et sociales. A l'œuvre donc pour organiser le grand atelier social! voici une carrière pour toutes les intelligences, pour toutes les ambitions, pour toutes les puissances, une voie ouverte à toutes les facultés!

Prenons pour tâche de trouver les conditions de la réalisation d'un but aussi magnifique et véritablement digne de quiconque veut porter le nom d'homme. Si ce but est celui auquel nous devons réellement aspirer, mettons au moins à l'ordre du jour la recherche des voies qui peuvent y conduire. En conscience voilà un programme qui vaut mieux que celui de l'Hôtel-de-Ville, quoiqu'au premier abord cette proposition ait pu paraître hardie et outrecuidante.

Que si vous venez nous dire qu'il est bien difficile de trouver les moyens de réaliser ce programme en tout ou en partie, nous vous répondrons que c'est une raison de plus pour nous mettre tous en devoir de chercher ces moyens difficiles à trouver ; car à coup sûr, nous ne les trouverons pas si nous ne faisons que nous quereller et nous battre à propos de toutes autres choses. — C'est difficile! —Eh! qu'en savez vous? Avez-vous jamais cherché à résoudre ce problème? — Non, vous n'avez jamais cherché. Pourquoi commencez-vous donc à trancher cavalièrement là dedans, en disant que c'est si difficile? Après tout, nous le concédons, c'est un problème difficile, très difficile... eh! bien! il est résolu....

§ XIV.

Qu'il y aurait de la simplicité à se fâcher pour si peu de chose.

Il est résolu!!! Ah!!! voici l'endroit drôle! Voici votre tour de rire! et vous croyez que nous nous en fâcherons?... — Pas du tout: car vous avez été si souvent mystifiés par des charlatans ou par d'honnêtes gens qui se trompaient en vous faisant de moins belles promesses ; car vous avez fait tant d'extravagances en courant après vos désirs ; car vous avez été les dupes de tant d'illusions que vos docteurs de la Philosophie et de la Politique vous ont faites ; car vous avez vu tant de déceptions, tant de folies, tant de niaiseries et de misères, que vous êtes certainement bien en droit de rire d'abord, et d'y regarder à

deux fois quand on vient vous dire ce que nous vous
disons, et avec autant d'assurance. — Aussi riez.....
mais regardez-y à deux fois ; car si par hasard le second regard vous montrait que nous avons raison ,
*ce serait le plus grand bonheur qui pût vous arri-
ver au monde*, — attendu que nous avons, tous, le
plus grand intérêt à ce que votre incrédulité et
votre hilarité du premier moment aient tort, et que
notre assurance, à nous, ait raison.

§ XV.

Ce que c'est que l'*École* ou le *Parti sociétaire*.

Nous avons montré, dans ce qui précède, combien
nous différons des vieux Partis politiques par la nature de notre *critique* Le titre de ce chapitre prouve
déjà que nous en différons encore, en ce que nous
ne nous contentons pas, comme eux, de critiquer et
d'attaquer ce que font les autres, sans dire ce qu'il
faudrait faire ; mais que, au contraire, nous ne cri-
tiquons ce qui nous semble mal qu'en vue de mon-
trer et d'offrir quelque chose qui nous semble bien.
— Ainsi donc , si l'on venait à nous démontrer que
nous nous trompons en attribuant de l'efficacité aux
moyens que nous proposons, on devrait cependant
nous louer de ce que nous pensons au moins à *pro-
poser des moyens*. Si nous parvenions à faire prendre
au monde politique l'habitude de ne pas rester en-
fermé dans le cercle étroit de la *négation pure*, et
de poser clairement quelle voie de guérison on offre
à la maladie dont on signale les effets, *en vue de
quel bien on critique le mal*, — nous croirions déjà
avoir rendu un bon service.
L'*École* ou le *Parti sociétaire*, — comme on vou-
dra dire —, se compose des hommes qui, frappés

des désordres sans cesse renaissants au sein de notre
société, et des vains efforts de tous les Partis et opinions politiques pour les faire cesser, ont compris
que la racine du mal existe, non pas dans la nature
des hommes, non pas dans la nature des intérêts,
mais dans les divergences qui RÉSULTENT *d'une
fausse combinaison de ces intérêts*; et que, par
conséquent, le remède au mal réside fondamentalement dans l'ASSOCIATION *des intérêts aujourd'hui
divergents.*

CONSTITUER L'ASSOCIATION, tel est donc LE BUT de
l'*École sociétaire,*

Mais pour *constituer l'Association*, il faut avoir
UN MOYEN, UN PROCÉDÉ. Or ce moyen, ce procédé,
elle l'a trouvé dans la découverte d'un immense
génie, qui l'a déposé dans diverses publications, dont
la première remonte à l'année 1808, et auxquelles
les organes ordinaires de la publicité, qui se donnent
comme les *sentinelles avancées* de l'opinion, les *annonciateurs* et *propagateurs zélés* de toute Idée
utile au pays et à l'humanité, les *chauds amis du
progrès,* — n'ont répondu que par le plus malveillant silence, ou par les plus piteuses plaisanteries
du monde.

La découverte de FOURIER sur l'*Art d'associer*, le
moyen qu'il propose pour remédier aux désordres
de notre société, constituent un *système d'Idées* qui
sont maintenant du domaine public; ce moyen est
revêtu du caractère scientifique dans toute la rigueur
du mot; c'est le *procédé naturel d'Association*, la
combinaison sociale mathématiquement déduite de
la *constitution physiologique et morale de l'homme,*
le moyen capable, enfin, d'utiliser, d'employer au
bien, de développer harmoniquement toutes les
facultés natives de chaque nature individuelle, dans
le sens du bonheur commun et de l'ordre général.—

Ceux qui ont accepté ce *moyen* ne refusent pas, d'ailleurs, d'examiner et de discuter *tout autre moyen* qui serait offert pour atteindre le même but, l'*Association des intérêts et des individualités.* — En outre (et ceci doit être formellement exprimé), la propriété de la science de Fourier *appartient à Fourier seul* ; ses livres sont là et SEULS FONT FOI pour cette science : de telle sorte que s'il arrivait aux hommes qui ont accepté cette Science, de faire fausse route, soit dans des *expositions*, soit dans des *applications* ou des *déductions ultérieures,* eux seuls, — et non la science et son créateur, — en seraient responsables.

Ainsi, l'*École sociétaire* a, pour *but*, la réalisation de l'ASSOCIATION ;

Elle a, pour *moyen*, la SCIENCE SOCIALE, due au génie de Fourier.

§ XVI.

L'harmonie des intérêts est le problème de l'*Économie sociale.*

Ce qui fait le mauvais sens du mot *égoïsme*, ce n'est pas l'idée *d'amour de soi-même*, contenue dans ce mot ; car il est très naturel et légitime de s'aimer soi-même, et aucune créature ne peut ni ne doit s'affranchir de cet *amour de soi* qui est la condition même de son individualité et de son existence. Le mauvais caractère présenté par le mot *égoïsme*, réside seulement en ce qu'il exprime que l'*égoïste* exerce *l'amour de soi* au DÉTRIMENT DES AUTRES, qu'il sacrifie les intérêts des autres à ses propres intérêts.

Il résulte de là, sans contestation, que l'*égoïsme* ne peut naître que dans un milieu où les intérêts particuliers sont divergents, opposés, contradictoires, cacophoniques. Car dans un milieu où les *intérêts* particuliers seraient convergents, liés et symphoniques, *l'amour de soi* — qui, dans le cas précédent, entraîne, chez la plus grande partie des individualités humaines, *l'égoïsme*, l'hostilité contre les autres, — ne pourrait plus motiver, chez ces individualités, que l'amour des autres individualités dont l'activité serait devenue consonnante aux désirs des premières.

Ce principe, nous installe dans la question de *l'Économie sociale*, qui consiste à fournir les moyens d'opérer la *convergence des intérêts* sur laquelle doit être assise l'harmonie de toutes les relations humaines.

§ XVII,

Base d'opération de l'*Économie sociale.*

« Mais, « dira-t-on, » vous avancez des choses fort justes, vos principes sont excellents, il n'y a rien à y redire; mais, mais, mais... » — « Eh bien? » — « Il résulte de ce que vous dites que, — les intérêts soit particuliers, soit généraux, étant opposés entre eux d'individus à individus, et de nations à nations dans le monde entier, — il faudrait, pour opérer le bien que vous signalez, remplacer les myriades de fausses combinaisons sociales qui règnent sur le globe, par une bonne combinaison universelle; et comment voulez-vous opérer une transformation sociale depuis les latitudes de la *Terre de Feu* jusqu'à celles du *Groënland*? hélas votre belle Idée vient se briser contre la fatalité des faits ! »

Nous aurions bien des choses justes à répondre à cela : mais voici à quoi nous bornons notre réponse :

—. Vous trouvez le Monde trop grand pour que nous pensions à lui appliquer intégralement cette Idée ? alors prenons seulement une nation, la France, comme font tous les autres Partis : vous n'avez pas de raisons à alléguer là contre. Le *Parti Sociétaire* a tout autant le droit de prétendre appliquer à la France son Idée qui est juste, que les autres Partis peuvent en avoir à lui appliquer les leurs qui sont fausses ; vous ne pouvez refuser cela. — Va pour la France.

Hé bien ! c'est nous, maintenant, qui trouvons la France trop large pour cette application ! — Vous voilà bien obligés de nous permettre la prétention au droit d'agir sur une Province ; puisque vous nous aviez concédé, pour la France, les droits dont jouissent et usent tous les autres.

Mais voici qui est bien mieux ! nous ne voulons pas d'une Province !... c'est trop grand. — Un Département ? — S'il vous plaît, ce sera moins encore. — Un Arrondissement ? — Eh non, mon Dieu ? simplement une petite Commune...

Si vous avez trouvé déjà en *théorie* notre Politique plus sage que la vieille Politique, vous confesserez volontiers qu'elle est bien plus sage encore en *pratique* ; puisque la vieille Politique n'a pas assez de grands Empires à bouleverser pour faire ses expériences, et que l'Idée sociétaire ne veut pas plus d'une Commune, *une lieue carrée de terre*, pour faire son expérience *tout organisatrice*.

A la vérité, —il faut être franc et dire les choses : — l'Idée sociétaire est certainement très sage dans sa manière de procéder à son incarnation ; mais si on la trouvait, pour autant, humble et peu ambitieuse, il y aurait quelque erreur en cela ; car le jour où elle aura mis le pied dans une Commune, le jour où elle

sera maîtresse d'une lieue de terrain... dès ce jour-
là, le Monde est à elle.

§ XVIII.

Pourquoi.

Qu'est-ce que c'est que le Monde ? — C'est, en gros,
l'Europe, l'Asie, l'Afrique, l'Amérique.

Prenons l'Europe. Qu'est-ce que l'Europe ? — Un
composé de Nations. — Qu'est-ce qu'une Nation ? —
Un composé de Provinces ; et, sans passer par plus
de termes intermédiaires, une Province est un composé d'agglomérations élémentaires que, dans notre
langue, nous appelons *Communes*.

La France, c'est un ensemble de quarante mille
Communes.

Ce que nous disons ici est certainement d'une
grande simplicité, c'est même naïf ; pourtant, veuillez
y faire bien attention. — Avez-vous admis qu'une nation, qu'un peuple ne vit pas d'un seul bloc ; que
l'agrégation générale se compose d'agrégations partielles successives qui viennent se résoudre en définitive, dans un DERNIER TERME lequel n'est plus une
agrégation composée *d'agrégations partielles moins
fortes*, — comme la province est une agrégation de
de départements, — mais bien une *agrégation* composée D'HOMMES, L'AGRÉGATION DES INDIVIDUS VIVANT
CÔTE A CÔTE, FACE A FACE, ENSEMBLE SUR LE MÊME
SOL.

N'est-il pas vrai dès lors que cette agrégation première, — que nous supposerons, en moyenne, assise
sur une lieue de terrain, et forte de quinze cents à
deux mille âmes, — est l'alvéole élémentaire de la
ruche sociale ? et si nous l'appelons *Commune*, la
Nation est-elle autre chose qu'un *total*, une *somme*
de Communes groupées en Arrondissements, en Dé-

partemens, en Provinces autour de leurs centres
particuliers, c'est-à-dire, autour de leurs *chefs-lieux*,
de leurs *capitales successives?*

La Commune est donc *l'unité sociale*. Une nation
composée *d'arrondissements*, de *départemens*, de
provinces... n'est toujours qu'une collection de
Communes; comme un nombre composé de *dizai-
nes*, de *centaines*, de *milles...* n'est toujours qu'une
collection D'UNITÉS.

Or, si une nation, une société, — si la *Société* n'est
qu'une collection de Communes élémentaires, vous
voyez bien que l'idée sociétaire venant à s'incarner
dans une seule Commune et à y réaliser ses bienfaits,
l'idée sociétaire, comme nous le disions, est dès lors
maîtresse du Monde.

Si on vient à vous faire en France, sur un terrain
qu'on aura acheté, une Commune dans laquelle tous
les intérêts soient unis et serrés en faisceau; tous les
habitants, hommes, femmes et enfants, ralliés, quels
que soient leurs rangs et leurs fortunes, dans l'œuvre
de la prospérité commune, et ardents à cette œuvre;
où les plus pauvres jouissent d'une grande aisance;
où les riches trouvent à doubler et à tripler leurs fortunes et leurs jouissances, et cela au grand contente-
ment des précédents; où toutes les aptitudes, toutes
les vocations soient développées par une large éducation étendant ses bienfaits variés sur tous les enfants;
où chacun soit parfaitement libre dans ses goûts et
son individualité; où chacun, femme comme homme
et même enfant, ait devant soi, à sa portée, plus de
places lucratives et honorables qu'il n'en peut remplir, plus de chances d'avancement qu'il n'en peut
épuiser, et dans des fonctions toutes attrayantes; où
un exercice varié, équilibré, et harmonique des facultés du corps et des facultés de l'esprit, joint à un
régime hygiénique et gastrosophique parfait, entre-

tienne chacun en vigueur et en santé ; où les services mutuels, de douces et vives affections, l'échauf-
fent, et la fassent vivre comme un seul homme *d'une
vie sociale organique* ; où se dilatent et bondissent
librement tous les germes et les désirs en nos cœurs ;
où il y ait enfin plus de bonheur *réalisé* qu'on en a
su imaginer dans aucun des paradis décrits jusqu'à
ce jour.

Je demande bien pardon de tout ce que je viens de
dire ; j'en ai trop dit, beaucoup trop : car enfin il est
bien convenu que si Dieu a mis en nos cœurs l'indé-
fectible et brûlant désir de bonheur qui est l'unique
mobile de nos actions, qui comprend et exige toutes
ces choses que je viens d'indiquer, et encore beaucoup d'autres ; Dieu l'a fait uniquement pour nous
tourmenter et se moquer de nous, *ses créatures*. Il est
vrai que c'est de sa part encore plus bête que cruel,
et qu'il n'y a peut-être pas sur la terre aujourd'hui un
homme assez misérable pour en avoir fait autant, s'il
se fût trouvé à sa place ; mais qu'y faire ? Si l'on veut
absolument que Dieu ait décrété providentiellement
la permanence de la misère et de la haine, qu'il se
soit formellement opposé à ce que nous pussions trouver ici le bonheur QU'IL NOUS FAIT DÉSIRER ICI, il faut
en prendre son parti, dire à Dieu franchement son affaire, comme nous venons de l'indiquer, et penser que nous autres qui croyons à la possibilité
de réaliser ce que nous énoncions tout à l'heure,
et peut-être bien mieux encore, eh bien ! que nous
sommes des fous, des imbécilles, ou, — si l'on veut
parler poliment, — de bons cœurs égarés, d'honnêtes rêveurs.

Soit ! je le veux bien. — Mais pour le moment,
voici tout ce que je voulais dire : *c'est que si, un
jour de l'année qui vient, l'Idée sociétaire appliquée à l'organisation d'une Commune, je suppose,*

réalisait ce que nous avons dit tout-à-l'heure, dès cette-là année, le monde appartiendrait à cettelaIdée.

§ XIX.

Rien ne pourrait empêcher le bonheur d'envahir le Monde.

Quelle force concevriez-vous qui pût empêcher *les trente-neuf mille neuf cent quatre-vingt-dix-neuf autres Communes de France* d'imiter la première, pour jouir du même bonheur et multiplier leurs prospérités les unes par les autres ? — Et qui pourrait empêcher les Russes, les Américains et tous les peuples d'en faire autant ? — Par le fer et le feu, Bonaparte, Alexandre, César, ont conquis en quelques années un quart du monde, le bonheur est bien autrement rapide que le fer et le feu, que Bonaparte, Alexandre et César, en envahissements et conquêtes : aucun être ne peut lui résister, tous l'apellent et le servent. — C'était là tout ce que je voulais dire.

§ XX.

S'il est vrai que la Nation soit *un composé de Communes*, la Politique est mystifiée (à moins que l'on ne préfère dire qu'elle nous mystifie).

C'était là tout ce que je voulais dire.... non. — Je veux ajouter encore un mot à l'adresse de messieurs de la Politique qui se moquent de nous. Voici ce mot :

Si la Politique n'envisage pas, pour but de son action, la prospérité et le bonheur de la société en général, ou au moins de la nation; il n'est pas nécessaire de démontrer qu'elle est absurde : nous n'aurions pas à aller plus loin.

Mais elle prétend qu'elle travaille à la prospérité et au bonheur des nations ; dès lors son *but* est bon :

il n'y a plus absurdité dans le but qu'elle se propose : et si pourtant elle est absurde, il faut alors que l'absurdité réside dans le *moyen* qu'elle prend pour atteindre son but. Et en effet, c'est ainsi.

C'est ainsi, en effet, dis-je ; car si la nation, est un composé, une somme de Communes, comme un nombre est un composé, une somme d'Unités, il est clair comme le jour que les moyens de bien-être, de prospérité, de force d'une nation, ne peuvent être, avant tout, que les moyens du bien-être, de la prospérité, de la force des Communes qui la composent.

Si donc une Théorie qui prétend faire le bonheur d'une nation, ne propose pas les moyens, ne s'occupe seulement pas des moyens d'organiser le bonheur dans la Commune qui est l'élément de la nation, il est évident que cette Théorie est absurde, ridicule, niaise, stupide, idiote (je parle de la Théorie et non de ses partisans).

Or, c'est précisément le cas de la Politique, de tous les Partis politiques, de toutes les opinions politiques, — lesquels nous trouvent absurdes, ridicules, niais, stupides et idiots, parce que nous soutenons que le moyen de faire le bonheur de la nation n'est pas d'avoir un gouvernement monarchique, constitutionnel, ou républicain ; de changer la forme du gouvernement de la nation, en laissant *telle quelle* l'organisation des Communes qui constituent la nation, mais bien de produire d'abord un moyen d'organiser la prospérité dans ces Communes ! — Que nous méritons bien le nom *d'utopistes insensés*, en disant que pour avoir une armée forte et disciplinée, il faut songer à rendre fortes et disciplinées, d'abord, les compagnies qui composent cette armée !!!! —

§ XXI.

Les intérêts opposés engendrent les haines ; — malgré les sermons.

Voici trois hommes qui se livrent à une même industrie. Leurs maisons sont voisines ; ils s'enlèvent les uns les autres leur clientèle ; chacun nuit [aux intérêts des deux autres. Ces hommes cherchent à s'écraser. A la ruine du premier correspondrait l'accroissement de prospérité des deux autres ; à la ruine des deux premiers correspondra l'apogée de prospérité du troisième. Ces hommes sont ... s de ... mille il faut qu'ils soignent chaudement leurs propres intérêts ; — si ce n'était pour eux une passion, ce serait un devoir ; il ne s'agit pas ici de se sacrifier à ses voisins.

Voilà donc les trois maisons se défendant chacune contre l'envahissement des deux autres, et se portant chacune envahissante. Il n'y a pas moyen de se borner à la défensive. Ici, offensive et défensive sont mots synonymes et choses obligées. Il faut que ces trois maisons se fassent une concurrence d'enfer ; c'est le résultat franc et forcé de la position des intérêts, de la fausse combinaison des choses.

Sur ce intervient la doctrine chrétienne, protestante ou catholique, luthérienne, calviniste, ultramontaine, gallicane, comme vous voudrez. Apporte-t-elle un changement dans la position de ces trois intérêts hostiles ? — Non : elle vient dire à ces trois intérêts concurrents « que les biens de ce » monde ne valent pas ceux de l'autre ; qu'on gagne » ceux de l'autre en sacrifiant ceux d'ici-bas ; qu'on » doit aimer Dieu plus que soi même, et son prochain comme soi-même pour l'amour de Dieu. »

Tous ces sermons-là n'empêchent pas la concurrence de se faire, les procès, les haines et tout le reste.

Et l'homme, ne pouvant suivre les préceptes qu'on
lui dit être LA *religion*, renonce à être religieux.
Voilà de beaux fruits ! — Si vous voulez la fin, cher-
chez les moyens.....

§ XXII.

Les intérêts alliés disposent les hommes à s'aimer; — sans les
sermons.

Tout à l'heure, nos trois maisons séparées avaient
leurs relations à elles, leur comptabilité, leur tenue
de livres, leurs ateliers, leur organisation pour les
arrivages, les transports, les achats et les ventes, pour
la fabrication des produits, etc. Nos trois maisons
étaient en concurrence et cherchaient à s'écraser.
— Voilà l'histoire de la société actuelle, où tous les
intérêts sont *morcelés* et aux prises les uns contre
les autres; — d'où la guerre; — la guerre sous
toutes ses formes.

Or voici que l'on a fait aux trois chefs de maisons
rivales le raisonnement suivant :

« En ne formant qu'un seul établissement au lieu
» de trois, vous auriez seulement à faire une fois,
» sur une autre échelle, ce que chacune de vos mai-
» sons est obligée, dans le système *morcelé*, de ré-
» péter pour toutes les opérations de l'industrie com-
» mune. La concentration de vos capitaux vous assié-
» rait sur une base large et solide qui étendrait votre
» action industrielle, et assurerait votre crédit. Les
» grandes économies de ce procédé vous permet-
» traient de livrer vos produits à plus bas prix, et
» vous seriez ainsi, *à la fois*, plus utiles à votre pays,
» et plus sûrs de bénéficier, etc., etc. »

A la suite de ces considérations, les trois maisons
se réunissant en *société actionnaire*, ont stipulé que
le gain total sera réparti au *prorata* de la mise en

3*

Capital de chaque coopérateur, sans préjudice des parts spéciales dans les bénéfices, convenues pour ceux des actionnaires qui ajouteraient à leur apport de *Capital*, leur coopération en *Travail*, et en *Talent*. — *Ils sont associés*.

Voilà que nos hommes intéressés à s'écraser dans la combinaison de tout-à-l'heure, sont aujourd'hui, dans la combinaison nouvelle, unis entre eux et intéressés à s'enrichir les uns les autres ; car l'un ne peut plus ni gagner ni perdre, sans que les autres gagnent ou perdent dans le même rapport : — ils sont associés. Tout-à-l'heure la ruine de l'un enrichissait les autres ; maintenant la ruine de l'un ruinerait les autres ; les fortunes sont liées ; — à la bonne heure, maintenant, voici une combinaison d'intérêts qui n'empêche plus que ces hommes s'aiment : ils sont associés.

§ XXIII.

Le principe d'ASSOCIATION est la base sur laquelle seule on peut fonder l'HARMONIE SOCIALE.

Le principe qui rend ainsi *solidaire*, qui *corporise* des intérêts tout-à-l'heure opposés et divergents, c'est donc le principe de L'ASSOCIATION ; — et si l'on savait, et si l'on pouvait appliquer ce principe à TOUS les intérêts dans la Commune, on aurait substitué à nos *Communes morcelées* où tout est cacophonie, misère et discordance, la *Commune sociétaire* où tout serait ordre, organisation, richesse et accord.

Si donc on veut arriver à quelque chose, si l'on veut réaliser le Bien, il faut avoir recours à ce PRINCIPE D'ASSOCIATION qui porte sur les intérêts, et fournit la bonne combinaison qui les unit, au lieu et place de la mauvaise combinaison actuelle qui les divise.

Il ne s'agirait donc plus de continuer les sottes et funestes querelles politiques, ni de revenir par imbécillité à un passé mort et bien mort, et de lui demander les moyens usés, — qui n'ont au reste jamais eu valeur de constituer le Bien, même au temps de leur puissance : — en un mot il ne convient ni de continuer les batailles, ni de reprendre les vaines prédications : — il convient de chercher L'ART D'ASSOCIER LES INTÉRÊTS, ET PAR SUITE, LES HOMMES.

Associer les individus dans la commune, associer les communes entre elles. Voilà tout le problème social. Or, ce problème, on fait preuve de bon désir, de désir humanitaire et religieux, en travaillant à sa solution théorique ou pratique. Mais les désirs de solution ne sont que de bons désirs et non une solution. *La solution ne peut être que le fait* D'UNE SCIENCE. C'est cette science qu'il faut produire..... Cette Science est faite ; c'est la Science que nous produisons. •

§ XXIV.

Simple appel à l'examen et à l'expérience.

Ici nous ne demandons pas à être crus sur parole. Nous faisons peu de compte, en général, de toute affirmation vague, mal assise, non démontrée, et résultant d'une foi simple qui ne repose pas sur de bonnes preuves. L'homme a mis sur tant d'erreurs le sceau de sa *foi*, que nous estimons fort ridicule de *donner sa foi* à des choses qui ne sont pas démontrées et bien établies.

Aussi, après avoir prouvé avec quelque rigueur, — nous osons le croire —, que jeunes ou vieux, tous les Partis et toutes les opinions, qui occupent aujourd'hui les esprits, se débattent dans des routes fermées ou dirigées sur des précipices ; après avoir montré combien mal ont été posées les questions jusqu'ici ; comment elles doivent être posées pour que les solutions deviennent possibles ; après avoir indiqué la voie sur laquelle il faut marcher, le principe qui doit guider, nous demandons que l'on veuille bien examiner la solution à laquelle on arrive par cette voie et par ce principe.

Comme nous n'aimons pas à être payés avec du vent et avec des paroles, nous ne voulons pas payer les autres en pareille monnaie ; malheureusement cette monnaie a eu jusqu'ici un cours si effrayant, que chacun se méfie des promesses nouvelles, et craint de subir en les écoutant une nouvelle déception. Cette crainte est bien légitime.

Certainement c'est un grand malheur que l'on ait mis en circulation tant de déceptions sous l'etiquette du *bien public*. C'est un malheur surtout que le mot d'*Association* ait été si misérablement gaspillé depuis quelques années par des gens qui avaient le désir de l'Association, mais qui comprenaient fort vaguement au moins la chose, et n'en savaient aucunement les moyens.

Pour avoir ignoré les conditions de l'Association en jetant ce mot au public, on n'a fait qu'ajouter un mot de plus, un mot vide et creux, aux grands mots vides et creux, — liberté, droits imprescriptibles, souveraineté du peuple, ordre, etc. — sur lesquels on frappe à si grand bruit depuis soixante ans. C'est un tambour de plus en France : et puis on s'en est si maladroitement servi que l'on a effarouché le pays. Ceux qui ont fait le plus de fracas avec ce mot d'Association, ont imaginé de produire comme moyen d'Association de monstrueuses théories sur la propriété, l'abolition de l'héritage ; la concentration des propriétés et de tout pouvoir social aux mains d'une création de prêtres nouveaux ; enfin une foule d'é-

norinités qui, loin d'être des conditions d'Association, en sont de pures et franches négations. — C'est
toujours le même résultat d'erreur que nous avons
signalé au commencement de cet écrit : les amis de
l'Association, ignorant les conditions de l'Association, ont été funestes à la cause de l'Association ;
comme les amis de l'Ordre et de la Liberté, ignorant
les conditions de l'Ordre et de la Liberté, ont été res-
pectivement funestes à l'Ordre et à la Liberté.

L'Association exclut l'idée de sacrifice. L'Association doit servir les intérêts de tous, donner à ceux
qui n'ont pas, augmenter encore le lot de ceux qui
possèdent. Toute théorie qui dépouille violemment
ou qui demande des sacrifices volontaires n'est pas
une théorie d'Association ; — si elle en prend le
nom, c'est erreur ou mensonge. — Voilà la clause
rigoureuse dont nous ne repoussons pas la rigueur
pour l'appréciation de notre théorie, au contraire
nous l'invoquons ; — nous ne voulons pas être crus
sur parole, parce que nous avons de bonnes preuves
à donner : et nous ne comprenons pas la foi sans
l'intelligence.

Après tout, ici il ne s'agit pas de nous, mais d'une
Idée dont il importe à tout homme dévoué à son
pays et à l'humanité de vérifier la valeur. Ce ne
ne sont pas des déclamations et des programmes
idéologiques ou mystiques ; mais des plans, des
plans décrits, établis, des moyens proposés que
l'on peut étudier et juger. Ce que l'on invoque ici,
c'est l'examen d'abord, l'expérience ensuite. —Nous
annonçons que des découvertes immenses de Ch.
Fourier résulte l'art d'associer les intérêts et les caractères dans la Commune et dans l'État, — et par
suite le moyen positif *d'établir l'harmonie sociale
sur le globe ; de fonder la paix, le travail, la liberté, le bonheur enfin, sur la terre.* Nous ajoutons

qu'il y a bien moins de difficulté pour atteindre ces résultats, que pour faire une révolution comme nous en faisons tant depuis un demi siècle.

Que ceux qui ne sont pas indifférents aux misères des peuples, qui souffrent pour eux-mêmes, et qui souffrent en voyant souffrir ; qui se sentent dans le cœur un besoin de travailler au bonheur de leurs semblables ; que ceux enfin qui gémissent sur le mal et aspirent aux jours heureux, que ceux-là examinent les conséquences des principes que nous venons leur soumettre, qu'ils étudient et qu'ils jugent. — Et quand ils croiront comme nous, qu'ils se joignent à nous, pour propager la science et pour la réaliser sur le sol : car tel est le but ultérieur de nos efforts.

Les autres passeront sans vouloir nous regarder et se contenteront de nous traiter de bonnes gens, de rêveurs, de fous, — jusqu'à ce que l'expérience parlant, la réalité leur crève les yeux. — D'ici là nous nous réservons bien de prouver, quelque peu à leurs dépens, que ce n'est pas nous qui sommes les songe-creux.

Terminons en priant le lecteur d'oublier ce qui peut avoir, dans cet écrit, choqué ses opinions antérieures. Il n'est pas possible de donner raison à toutes les Opinions, quand toutes elles ont tort. Si les Idées que nous soumettons à nos concitoyens sont meilleures et plus heureuses au monde que celles qu'elles renversent, il faut leur pardonner ce petit défaut. D'ailleurs, si elles renversent les théories, elles satisfont les besoins légitimes et les bons désirs qui sont au fond de toutes ces théories ; elles viennent renverser tous les plans des Partis et accomplir tous leurs vœux ; — c'est bien quelque chose, — surtout quand on a montré que les Partis, avec leurs plans, aboutissent toujours à l'opposé de leurs vœux.

FIN.

CATALOGUE RAISONNÉ

DE LA

LIBRAIRIE SOCIÉTAIRE

Rue de Seine, 10,

Dans les bureaux de la DÉMOCRATIE PACIFIQUE,

(RAISON SOCIALE : CONSIDERANT, PAGET ET Cⁱᵉ.

Les publications de l'École sociétaire se trouvent chez tous les correspondants du comptoir central de la librairie dans toutes les villes de France.

Ouvrages classés par noms d'auteurs.

Les ouvrages marqués d'un * appartiennent à la Société pour la Propagation et la Réalisation de la Théorie de Fourier, les autres sont en dépôt.

CHARLES FOURIER.

—

*ŒUVREÉS COMPLÈTES DE CH. FOURIER, *publiées par la Société pour la propagation et la réalisation de la Théorie de Ch. Fourier.* Format in-8°, très belle édition. — Chaque ouvrage se vend séparément. *Voir* ci-après.

—

*THÉORIE DES QUATRE MOUVEMENTS ET DES DESTINÉES GÉNÉRALES. Deuxième édition, avec une préface des éditeurs. 1 vol. in-8° (tome 1ᵉʳ des œuvres complètes). Paris, 1840. Prix. . . . . 7 fr. 50 c.

Cet ouvrage est le début du fondateur de l'École sociétaire. C'est là que Fourier a jeté, avec tout le feu de la jeunesse et l'audace d'un génie créateur, des aperçus merveilleux et pleins de poésie sur l'avenir; c'est là aussi qu'il a donné pour la première fois la formule du mouvement social, la loi qui contient toutes les phases historiques des destinées humaines. Dans ce livre sont établies les bases sur lesquelles la philosophie de l'histoire peut reconstruire le passé; et, pour la première fois, la civilisation y est soumise à une analyse vraiment scientifique. Les vices de la société actuelle, les déperditions du commerce incohérent et de l'industrie morcelée, les vaines prétentions d'une philosophie erronée, les égarements de l'économisme, les mensonges de la politique, les impuissantes élucubrations d'un moralisme radoteur et fallacieux, y sont traités avec une incroyable vigueur de pensée et de style.

La nouvelle édition, imprimée avec beaucoup de soin et augmentée de notes nombreuses de l'auteur, ainsi que de plusieurs morceaux inédits, a été terminée en 1840.

* THÉORIE DE L'UNITÉ UNIVERSELLE, ou TRAITÉ DE L'ASSOCIATION DOMESTIQUE-AGRICOLE (2ᵉ Édit.) 4 vol. in-8° (tomes II, III, IV et V des œuvres complètes.) Prix. . . . . 24 fr.

Le 1er volume contient le *Sommaire*, l'*Avant-propos*, une *préface*, et un *grand tableau synoptique de la Théorie de l'Unité* (inédit), ainsi qu'un morceau extrait des manuscrits de Fourier sur le *Libre arbitre*.

Dans ce grand ouvrage, Fourier a rassemblé en faisceau toutes les idées capitales qui constituent son système. Les questions passionnelles, économiques et cosmogoniques y sont posées : celles des deux premiers genres s'y trouvent traitées à fond et entourées de tous leurs corollaires essentiels. C'est le livre indispensable à tout esprit scientifique qui veut connaître les Doctrines de l'École Sociétaire dans leurs détails aussi bien que dans leur généralité. Ceux qui, ayant lu quelques ouvrages de cette École, possèdent déjà une idée assez nette de l'ensemble de la Science Sociale, ceux-là ont surtout besoin d'étudier, de méditer le *Traité de l'Unité universelle* pour compléter les notions qu'ils ont acquises. Mais il est généralement peu convenable de commencer l'étude de la Théorie par cet ouvrage et même par tout autre ouvrage de Fourier. C'est à peu près comme si l'on voulait étudier l'astronomie, sans préparation scientifique, dans les livres de Keppler, de Newton et de Laplace.

———

* SOMMAIRE DU TRAITÉ DE L'ASSOCIATION DOMES-TIQUE-AGRICOLE. Br. in-8°. Paris, 1822. 1 fr. 50.

Dans la nouvelle édition, cet ouvrage fait partie du tome 2 des *œuvres complètes*, tome 1er, du *Traité de l'Unité universelle*.

Ce morceau, qui contient presque la matière d'un volume, est un des écrits de Fourier les plus importants et les plus condensés.

———

*LE NOUVEAU MONDE INDUSTRIEL ET SOCIÉTAIRE. Paris (imprimé à Besançon), 1829. Un fort vol in-8°. (*Épuisé*.) La réédition est sous presse. Un volume in-8°, qui formera le tome VI des Œuvres complètes.

Cet abrégé méthodique du *Traité de l'Unité universelle*

a été composé surtout au point de vue de la réalisation. Le style de Fourier sans rien perdre de l'énergie et de l'originalité qui sont propres à tous ses écrits, prend dans cet ouvrage quelque chose de plus didactique. Le plan, tracé dans un but d'exposition méthodique, admettait peu de digressions et de polémique.

———

*LIVRET D'ANNONCE DU NOUVEAU MONDE INDUSTRIEL. Brochure de 88 pages. Paris, 1830. Prix. . . 1 fr.

C'est une introduction à la lecture de l'ouvrage annoncé.

———

*LA FAUSSE INDUSTRIE. 2 vol. grand in-12. Paris, 1835-36. . . . . 9 fr. 50 c.

Ces deux volumes se composent de morceaux détachés écrits successivement par Fourier, comme des articles de journaux, soit pour ajouter de nouveaux détails à la partie de sa théorie qu'il n'avait fait qu'exposer sommairement, soit pour saisir l'à-propos des questions du jour et démontrer le besoin de solutions harmoniques. On trouve dans cette *mosaïque* des articles dont l'excentricité exagérée à dessein avait pour objet de piquer la curiosité publique.

———

*MNÉMONIQUE GÉOGRAPHIQUE. Une feuille gr. in-8°. Paris, 1827. Prix. . . . . 50 c.

Vues toutes nouvelles sur l'enseignement de l'une des sciences positives, anciennement cultivées, que Fourier fafectionnait le plus. Les procédés qu'il indique, et particulièrement celui de la Théorie des causes en création, se rattachent à son système d'Unité universelle. Ce morceau est très curieux.

═══════════════════════

JUST MUIRON.

———

*APERÇUS SUR LES PROCÉDÉS INDUSTRIELS. — URGENCE DE L'ORGANISATION SOCIÉTAIRE. 2e édition, in-12. Paris, 1840. Prix. . . . . 2 fr.

La première édition de cette brochure, publiée à Besançon en 1824, et portant le titre de *Vices de nos procédés industriels*, a été promptement épuisée. L'Académie de Besançon a reconnu dans cet écrit, « un ouvrage capable » d'intéresser ceux mêmes qui, après l'avoir lu, persiste- » raient à ne voir dans la Théorie de M. Fourier qu'une » utopie impraticable. » L'auteur s'est proposé de tracer le *Classement des procédés industriels*. Il oppose au PROCÉDÉ DE MORCELLEMENT, dont les résultats sont l'*indigence*, la *fourberie* et l'*oppression*, le PROCÉDÉ SOCIÉTAIRE.

qui produit la *richesse graduée*, la *vérité pratique*, la *liberté individuelle* et la *justice effective*. Il place entre ces deux extrêmes un procédé mixte, et présente des *statuts pour un Comptoir communal*. Cette dernière partie de l'ouvrage renferme des idées qui paraîtront à chacun immédiatement pratiques.

Cet écrit, plein de lucidité, très facile à la lecture, forme, dans ses deux premières parties surtout, un excellent ouvrage d'initiation aux vues sociales de Fourier et de l'École. Nous le recommandons à tous ceux qui veulent commencer l'étude de Fourier par le côté pratique.

VICTOR CONSIDERANT,

Membre du Conseil Général de la Seine, ancien Élève de l'École Polytechnique, Rédacteur en chef de la Démocratie pacifique.

*MANIFESTE DE L'ECOLE SOCIÉTAIRE *fondée par Fourier*, ou *Bases de la politique positive*. Paris, 1841 (*Écrit par M. Considerant, et adopté par le Conseil de l'École*). Nouvelle édition, revue et considérablement augmentée. 1842. Un beau vol. in-18. Prix. . . . . 1 fr. 25.

Le *Manifeste* est un écrit dont la lecture est indispensable à quiconque veut se faire une idée juste de l'École Sociétaire, de ses prétentions politiques et sociales, et de ses Doctrines.

Les principes constitutifs de la Société politique et de la théorie des Réformes sociales y sont exposés.

Cet écrit détermine les conditions régulières de la Stabilité et celles du Progrès, les conditions de la conservation et celles du renouvellement. Il offre à la fois aux conservateurs le moyen d'anéantir à jamais l'esprit révolutionnaire, et aux partisans du progrès, le moyen d'imprimer aux choses la marche la plus rapide et la plus sûre. — Un chapitre important est consacré à l'*Organisation de l'École Sociétaire*, qui, par ce *Manifeste*, par cette Profession de Foi fondamentale, prend une position nette en face du public et des partis. Un autre chapitre contient une note sur la création du *Ministère du progrès industriel et des améliorations sociales*, proposition qui, en dehors de l'École Sociétaire, a été favorablement accueillie par un grand nombre de bons esprits. La nouvelle édition a été revue et corrigée : elle est augmentée de Définitions importantes et de développements sur le *Ministère du progrès*.

*DESTINÉE SOCIALE. 2 vol. in-8º. Paris, 1834-38. Prix. . . . . 13 fr.

Il manquait à l'École Sociétaire, lorsque cet ouvrage fut

écrit, une exposition de la Doctrine phalanstérienne appropriée aux habitudes et aux exigences de notre époque, sous le rapport de la régularité et de la clarté du plan, de la rigueur scientifique des déductions, et disposée enfin de telle sorte que la lecture pût en être facile. Entre les grands ouvrages du Maître, si propres à nourrir les méditations des disciples déjà éclairés, et les expositions rapides faites pour répandre çà et là les germes des idées phalanstériennes, il fallait à cette École un livre qu'elle pût présenter aux gens du monde et aux hommes de science comme renfermant la description et la discussion complète de la forme sociale nouvelle qu'elle propose. L'ouvrage de M. V. Considerant a eu pour objet de répondre à ce besoin.

Le 1er volume est épuisé; on vend séparément le 2e volume . . . . 5 fr

*DÉBACLE DE LA POLITIQUE EN FRANCE. Brochure in-12 de 152 pages. Paris, 1836. Prix. 1 fr. 50 c.

Le but de cette espèce de factum a été de signaler le vide des discussions politiques, et de faire voir par quelles études positives il serait utile de les remplacer. Dans un pareil sujet, il fallait frapper fort pour frapper juste; il ne fallait épargner aucun parti, pour garder l'avantage sur tous.

Cette brochure est une préparation à l'étude de la science sociale : c'est par elle qu'il est bon de débuter quand l'on veut se débarrasser promptement des sophismes et des préjugés qui encombrent le terrain politique et social.

*EXPOSITION DU SYSTÈME SOCIÉTAIRE DE FOURIER, faite à Dijon, par M. V. Considerant ; Comptes-rendus recueillis par M. P.-C.-E. M.... Brochure in-12.

Cette petite brochure est un résumé très court, mais assez complet du système sociétaire Fourier. (*Épuisé.*)—Elle va être réimprimée.

*IMMORALITÉ DE LA DOCTRINE DE FOURIER. Brochure de 48 pages, in-8º. Paris, 1841. Prix. . . . 50 c.

Cet opuscule répond à toutes les accusations portées contre la théorie sociétaire. L'auteur y passe en revue ces trois assertions : 1º *Fourier veut que l'homme lâche la bride à ses passions;* 2º *il attaque avec une audace inouïe la morale et les moralistes;* 3º *il propose des coutumes qui sanctionneraient des relations réprouvées par la morale.* Ces accusations se trouvent réfutées par un simple examen de la valeur réelle de ces expressions, MORALE, PASSION, BIEN, MAL, comparée au sens des propositions de Fourier.

*Réclamation contre M. Arago, et Théorie du Droit de Propriété. Brochure in-8° de 80 pages. Paris, juin 1840. Prix. . . . . 1 fr. 25 c.

Dans une discussion sur la Réforme électorale, M. Arago, après avoir émis un vœu en faveur de *l'Organisation du Travail*, avait confondu dans une même réprobation les *Babouvistes*, les *Saint-Simoniens* et les *Fouriéristes*. Il importait aux disciples de Fourier de démontrer clairement tout ce qui les distingue des adversaires de la propriété, avec lesquels l'honorable député a eu le tort de les confondre. La première partie de la brochure badine l'illustre astronome sur la légèreté avec laquelle il aborde un problème immense et qu'il connaît peu. Dans la seconde partie, le principe de la Propriété est assis sur le fondement inébranlable de la création par le travail ; l'auteur démontre en même temps le droit que tout homme conserve sur le fonds primitif ; il expose enfin comment ce droit doit être remplacé par le Droit au Travail.

De la Politique générale et du Rôle de la France en Europe, suivi d'une appréciation de la marche du Gouvernement depuis juillet 1830, par V. Considerant. Brochure in 8° de 160 pages. 1840. Prix. . . . . 3 fr.

(*Épuisé.*) On fera une nouvelle édition.

---

*La Conversion c'est l'Impôt. Brochure in-8°, publiée sous le pseudonyme de *un ancien Député*. Prix. . . . . 1 fr. 50 c.

En posant la question dans ses véritables termes, l'auteur, M. Considerant, prouve que les créanciers de l'État sont sujets du Souverain, c'est-à-dire de la réunion des trois pouvoirs ; que le souverain a droit d'imposer la rente comme toute autre propriété ; que convertir la rente, c'est la même chose que faire peser un impôt sur les créances de l'État ; que seulement la conversion serait un impôt déguisé, brusque, révolutionnaire, et qu'enfin, dans l'intérêt présent et futur de l'État, dans l'intérêt du crédit et des rentiers, il faut y substituer l'impôt avoué et progressif. La conversion ayant été remise à l'ordre du jour à la dernière session de 1844, cet opuscule n'a rien perdu de son actualité. Cette brochure mérite d'ailleurs de fixer l'attention des penseurs et des hommes politiques par la *théorie de la Souveraineté* qui s'y trouve déjà posée et développée.

---

*Déraison et Dangers de l'engouement pour les

CHEMINS DE FER ; Avis à l'opinion et aux capitaux. Brochure in-8°. Paris, 1838. Prix. . . 1 fr. 50 c.

Tout en reconnaissant l'utilité relative des voies de communication perfectionnées, l'auteur de ce petit écrit a contesté vivement l'opportunité de la construction des railways, vu la situation de la société, qui réclame des travaux plus immédiatement productifs, vu en outre l'état d'imperfection, et, pour ainsi dire, de barbarie des moyens actuellement connus de locomotion rapide ; vu, enfin, l'extrême probabilité de la découverte prochaine de nouveaux procédés plus puissants, plus économiques, plus sûrs, et rendant inutiles les constructions et les appareils qu'on entreprend aujourd'hui à grands frais.

---

*De la Politique nouvelle convenant aux intérêts actuels de la société, et de ses conditions de développement par la publicité. 2e édit. 1844. Une brochure in-18 Prix. . . . . 15 c.

Ce petit écrit contient une étude sur le journalisme et sur les conditions qui ont fait le succès ou amené la chute des divers organes de la presse. Il expose en outre les principes d'une politique nouvelle, à la fois progressive et conservatrice, qui répond aux besoins actuels du pays, mais qui n'avait point encore un organe spécial. La *Démocratie pacifique* est venue bientôt après la publication de cette brochure remplir le programme qui y est exposé.

DAIN, CONSIDERANT ET D'IZALGUIER.

---

*Trois Discours prononcés a l'Hôtel-de-Ville. Grand in-8°. Paris, 1836. Prix. . . . . . . 3 fr.

Dans son discours, M. Considerant a envisagé son sujet sous le côté philosophique et cosmogonique ; il a étudié le problème de la destinée humaine et la formule du mouvement de l'humanité. M. Dain a traité plus particulièrement de la méthode historique et des secours que l'analyse passionnelle de l'homme peut lui prêter. Enfin, M. d'Izalguier a développé la loi de corrélation de la forme sociale et de la forme esthétique. Ces trois morceaux renferment d'excellents aperçus sur des branches diverses de la théorie sociétaire. On y a joint l'historique et les pièces de la discussion qu'ils soulevèrent entre quelques journaux catholiques et l'auteur du second discours, discussion qui forme un épisode curieux de l'histoire philosophique de notre époque.

A. PAGET,

Docteur en médecine.

—

INTRODUCTION A L'ÉTUDE DE LA SCIENCE SOCIALE.
2ᵉ édition, 1 vol. in-8°. Paris, **1841**. Prix, sur
papier ordinaire. . . . . **2** fr. **75** c.
Prix, sur papier fin. . . . . **3** fr.
(Il ne reste que des exemplaires sur papier fin.)

La première partie de cet ouvrage offre un coup-d'œil
général sur l'état de la science sociale et sur les systèmes
de Fourier, d'Owen et de Saint-Simon. Ces deux derniers
projets d'organisation y sont esquissés avec une netteté
qui fait ressortir tout ce qu'ils ont de faux et d'incomplet.
L'inefficacité de la philanthropie est ensuite démontrée d'une
manière également irréfutable. Reste donc la véritable
science sociale, celle que Fourier a créée, et dont le résumé occupe la deuxième partie du volume. C'est un *abrégé
du Nouveau-Monde industriel et sociétaire*, un *compen-
dium* substantiel, destiné surtout aux esprits sévères qui
y ont droit au fond des choses.

A. PAGET ET E. CARTIER.

—

EXAMEN DU SYSTÈME DE FOURIER *et des principales
objections qui y sont faites.* Brochure in-8°. Paris, **1844**. Prix. . . . . **3** fr.

Au moment où il a été enlevé à la science et à ses amis,
A. Paget s'occupait à répondre aux objections soulevées
par quelques adversaires de l'École phalanstérienne, et en
particulier par M. Cherbuliez, de Genève. Il examine dans
cette polémique les effets de la compression des passions
dans le ménage actuel, leur développement harmonique
dans la famille de l'ordre sociétaire, les inconvénients de
la propriété morcelée, et les avantages, la sûreté et la fé-
condité de la propriété sociétaire. Malheureusement plusieurs de ces études n'étaient encore que fragmentaires et
dépourvues de liaison. M. E. Cartier s'est chargé de remplir
les lacunes et de former un tout de ces chapitres isolés. Il
est résulté de cette association d'efforts un des ouvrages les
plus philosophiques que l'École phalantérienne ait produits
jusqu'ici. C'est une monographie des trois points les plus
essentiels de la Théorie; c'est en outre une réfutation générale des doutes élevés sur ces trois points, réfutation qui
donne lieu occasionnellement à un complet développement
des conditions de toute saine critique.

F. CANTAGREL.

---

*Le Fou du Palais-Royal, Dialogues sur la Théorie de Fourier. 1 vol. in 8°. Paris, 1841. Prix, 5 fr.

La Science Sociale avait ses expositions régulières et méthodiques de divers formats, les grands traités qui l'ont constituée et les manuels qui la mettent à la portée de toutes les intelligences. Il lui fallait encore un de ces livres de fantaisie où la science ne se montre qu'à la dérobée, où un apparent pêle-mêle sert de voile à la méthode, où la variété des formes déguise l'aspérité du fond. Cette lacune de la bibliothèque phalanstérienne a été remplie par le *Fou du Palais Royal*, ouvrage rédigé sous la forme d'entretiens, quelquefois calmes et régulièrement logiques, quelquefois abruptes et à bâtons rompus, sur des sujets qui sembleraient pris au hasard, mais qui tous se rattachent au même système. Les interlocuteurs de ces dialogues diffèrent entre eux, de goûts, d'habitudes, de profession et de langage. Cette variété et ce mouvement donnent à l'auteur le moyen de traiter chaque partie de la Doctrine avec des formes de style appropriées à la spécialité des questions.

La première édition est épuisée; on en prépare une deuxième, d'un format plus petit, et qui sera revue par l'auteur.

Le Fou du Palais-Royal est divisé en seize propos et trente-deux sous-propos; voici quelques indications des sujets qui y sont traités.

---

*Mettray et Ostwald, études sur ces deux Colonies agricoles. Brochure in-8° de 66 pages. Paris, 1842. Prix. . . . . 1 fr.

A la suite d'une analyse rapide du mouvement social, l'auteur établit le but et donne la raison d'être de Mettray, puis il discute la thèse des différents moyens de réforme et d'améliorations sociales. Il montre 1° que tous les avantages de Mettray tiennent à son caractère d'expérimentation locale, 2° que tous les inconvénients découlent du mode partiel de cette expérimentation. — Il indique ensuite les développements, les compléments, que nécessite cette institution, ainsi que celle d'Ostwald : il décrit rapidement cette dernière colonie, et il en établit la supériorité sur Mettray, au point de vue de l'organisation de l'Industrie, et de la reconnaissance du Droit au travail.

Cet écrit court, mais substantiel, étend ses spéculations au-delà des deux essais en question : il renferme des vues générales que tous ceux qui s'occupent de colonisation devront méditer attentivement.

CHARLES PELLARIN,
Docteur en médecine.

—

*FOURIER, SA VIE ET SA THÉORIE, avec des lettres inédites et trois *fac-simile* de l'écriture de Fourier. 1 fort vol. in-18, format anglais. Prix, 5 fr.

—

Cette deuxième édition de la biographie de Fourier est un travail presque entièrement neuf, M. Pellarin étant parvenu à rassembler un grand nombre de renseignements nouveaux sur la personne de Fourier, et sur les démarches multipliées qu'il avait faites dans le but d'obtenir un essai de la Théorie, a doté l'École sociétaire d'un ouvrage plein d'intérêt et de documents précieux ; de nombreux extraits de la correspondance de Fourier avec son premier disciple, J. Muiron, terminent la première partie de ce livre. La deuxième partie est consacrée à une exposition de la Théorie sociétaire : cette exposition, écrite avec verve et lucidité, a non-seulement le mérite d'initier complètement le lecteur aux idées du maître et à sa méthode d'association intégrale, mais il a encore le mérite d'avoir la logique du cœur aussi bien que la logique de l'intelligence.

—

SUR LE DROIT DE PROPRIÉTÉ. Brochure in-12 de 36 pages. Besançon. Prix. . . . . 30 c.

Réponse à quelques attaques dirigées contre la *Théorie de la propriété* exposée par M. Considerant dans une brochure mentionnée plus haut.

HIPPOLYTE RENAUD,
Ancien Élève de l'École Polytechnique.

—

*SOLIDARITÉ. VUE SYNTHÉTIQUE SUR LA DOCTRINE DE CH. FOURIER. 1 vol. in-8°. Paris (impr. à Besançon), 1842. Prix. . . . . 3 fr.

—

Ce livre est un résumé rapide et général de la conception de Fourier. Une distinction essentielle est établie par l'auteur entre les deux parties dont l'ouvrage se compose. Dans la première, il s'est borné à l'exposition de toutes les données positives de la raison et de la science sur Dieu et le Mal, sur l'Homme, ses facultés et ses penchants, données qui conduisent à la doctrine de l'Association industrielle et agricole telle que Fourier l'a proposée, et telle que ses disciples la réclament. Dans la seconde, il examine les conséquences ultérieures de cette réforme, et spécule sur l'application de la loi de l'harmonie à toutes les relations humaines. Il aborde le problème de l'Unité de l'homme avec lui-même, avec Dieu et avec l'Univers, et démontre victorieusement la haute moralité des vues de Fourier les plus calomniées et les moins comprises.

Ce petit volume est très propre à être mis entre les mains des personnes qui, déjà initiées aux sciences historiques et positives, sont encore au début de leurs études en Science Sociale; il plaira infailliblement aux saines intelligences et aux nobles cœurs.

(*Épuisé.*) La nouvelle édition est sous presse.

———

ANTIDOTE. Réponse à une compilation anonyme intitulée le *Monde Phalanstérien*. Brochure in-8°, 1841. Prix. . . . . 25 c.

Ce petit ouvrage plein d'esprit et de logique, réduit à néant l'écrit auquel il répond et arrache à l'auteur dudit écrit le voile de l'anonyme sous lequel il entendait se cacher.

———

A. TAMISIER,
Ancien Élève de l'École Polytechnique.

—

COUP-D'ŒIL SUR LA THÉORIE DES FONCTIONS. Brochure in-8°. Lyon, 1841. Prix. . . . . . 50 c.

Mémoire lu à Lyon dans la 5e section du Congrès, le 5 septembre 1841, par M. Considerant, pour répondre à cette question du programme : « Exposer et discuter la valeur des principes de l'École Sociétaire fondée par Fourier. »

L'auteur fait voir que la question sociale se réduit à celle-ci : « Déterminer les fonctions de l'Humanité dans l'ordre général de l'univers, et trouver le moyen d'appliquer toutes les forces humaines à l'exercice de ces fonctions. La solution est indiquée par une revue rapide, mais pleine de sagacité et d'élévation, des lois générales des sociétés.

———

E. PELLETAN, A. COLIN, H. DE LA MORVONNAIS, V. HENNEQUIN.

—

LES DOGMES, LE CLERGÉ ET L'ÉTAT. Études religieuses. Brochure in-8°. Prix. . . . . 2 fr. 50 c.

Ces études religieuses ont été publiées dans la *Démocra-*

4

tie pacifique. Elles constatent la position prise par ce journal, dans les luttes entre l'Église et l'État qui se sont réveillées si vivement et qui sont loin d'être à leur terme. Dans trois articles intitulés : *Le Catholicisme, le Protestantisme, le Christ Vivant,* M. E. Pelletan a vivement décrit la décadence actuelle de Rome, l'impuissance des communions protestantes, puis, il a fait entrevoir l'avenir religieux de l'humanité. M. Auguste Colin a caractérisé l'intervention du *clergé* dans la *politique.* M. de La Morvonnais, par une lettre adressée au rédacteur de la *Démocratie pacifique,* et intitulée : *Comment les dogmes se continuent,* a fait ressortir l'accord qui existe entre la Théorie de Fourier et les principes fondamentaux du christianisme. Le recueil se termine par un travail de M. Victor Hennequin, portant ce titre : *Lutte de l'État et du Clergé,* et contenant l'historique de la question, un résumé de la philosophie universitaire, des détails sur les maisons d'éducation ecclésiastiques—Au même auteur est dû l'avertissement qui précède et relie entre elles ces différentes œuvres.

M. WLADIMIR GAGNEUR.

—

DES FRUITIÈRES, OU ASSOCIATIONS DOMESTIQUES POUR LA FABRICATION DU FROMAGE DE GRUYÈRE.
Une feuille in-8°. Prix. . . . . 40 c.

Les fruitières sont une des applications les plus intéressantes du principe d'association; elles ont fait la richesse des populations du Jura, qui, sans cette ingénieuse combinaison eussent vécu misérables au milieu de leurs montagnes. Il était important de faire connaître le mécanisme de ces petites associations dont le nom seul était connu jusqu'ici, car l'exposition d'un fait a souvent plus d'influence sur les esprits que les démonstrations les plus logiques. L'auteur a fait voir combien il serait avantageux et facile d'appliquer le même principe à plusieurs autres branches de l'industrie domestique et agricole.

G. GABET,
Ancien Avocat.

—

TRAITÉ ÉLÉMENTAIRE DE LA SCIENCE DE L'HOMME,
CONSIDÉRÉE SOUS TOUS SES RAPPORTS. 3 vol. in-8°,
avec figures. Prix. . . . . 18 fr.

Cet ouvrage important est le fruit de longues et consciencieuses études.

Pénétrer de plus en plus la nature humaine, faire de cette connaissance le centre de toutes les améliorations, exami-

ner comment se terminent les vies sensitives et spirituel-
les, et quelle est la différence entre l'homme et les ani-
maux, sous ce double rapport : tel est le plan de l'ouvrage
de M. Gabet.

Le premier volume est consacré à des détails très com-
plets sur la génération de l'homme, sur son organisation,
sa vie végétative, etc.

Le deuxième volume traite de la vie sensitive et instinc-
tive, et des facultés de cette vie propres à produire des affections. L'auteur examine ensuite l'action de diverses parties de l'organisme sur les affections de la vie sensitive. Le
livre quatrième du second volume traite des opérations de
l'esprit et de la connaissance qui résulte, pour l'homme, de
ces opérations.

Le troisième volume commence par l'examen du con-
cours des vies instinctuelle et spirituelle dans la direction
de la conduite de l'homme. La huitième partie traite du développement et de la cessation de ces deux vies; enfin de
l'immortalité de l'âme. La dixième et dernière partie traite
de l'Humanité, ou de l'homme en association universelle;
elle contient aussi une exposition très exacte de la Théorie
Sociétaire.

NOTIONS ÉLÉMENTAIRES SUR LA SCIENCE SOCIALE DE
FOURIER ; par l'auteur de *Défense du Fourié-
risme*. Un volume in-18, de 2 à 300 pages.
Prix. . . . . 1 fr. 50

Cet ouvrage d'un prix très modique et d'une lecture facile, contient l'exposition des principes de la science sociale et de leur application pratique. Il offre plusieurs développements neufs, heureusement présentés.

CH. DAIN.

—

*DE L'ABOLITION DE L'ESCLAVAGE, suivi d'un article
de FOURIER. In-8º. . . . . 1 fr.

L'auteur pose ainsi la question : « Quels sont les moyens
de rendre le nègre libre et heureux en l'affranchissant? » et
il fait voir que ce n'est qu'une face de cet autre problème
plus général : « Rendre le travail attrayant. » Or, la Doctrine sociétaire possède seule, pour l'affranchissement des
blancs, comme pour l'affranchissement des nègres, la formule à l'aide de laquelle on peut atteindre le but sans dan-
ger.

CHARLES HAREL.

—

MÉNAGE SOCIÉTAIRE ; OU MOYEN D'AUGMENTER SON

BIEN-ÊTRE EN DIMINUANT SA DÉPENSE. Un vol. in-8.
Prix. . . . . 2 fr.

S'il est difficile de faire admettre tout d'abord l'idée de l'association intégrale, c'est-à-dire d'une association qui embrasserait à la fois la production et la consommation, il n'est pas aussi difficile de faire comprendre tous les avantages qu'offrirait une association réduite, appliquée seulement à la consommation. Ainsi posé, le problème se simplifie, et les difficultés de l'application disparaissent. M. Harel propose de former une réunion de deux cents personnes, composée principalement de célibataires, artistes, littérateurs, employés de bureau, anciens militaires, petits rentiers, et de fonder un établissement où l'on trouverait, à la fois, logement, nourriture, éclairage, chauffage, bibliothèque, journaux, billard, jardin, etc.; ce serait une sorte de pension bourgeoise sur une grande échelle; seulement, elle serait administrée par des pensionnaires élus, ce qui offrirait des garanties de bonne gestion. L'auteur, homme compétent, a démontré, par des calculs positifs, que, dans une pareille réunion, on pourrait se procurer avec une faible somme une existence confortable, qu'on ne peut acheter que fort cher dans l'isolement. Si le projet mis en avant par M. Harel était plus connu, on verrait, sans aucun doute, des capitalistes s'en emparer et le mettre à exécution; ce serait une bonne entreprise: c'est la même idée que lord Ashley a émise en Angleterre en l'appliquant à des ménages d'ouvriers.

D. LAVERDANT.

—

COLONISATION DE MADAGASCAR. Un volume grand in-8°, avec carte. Paris, 1844. Prix. . . 3 fr.

Cet ouvrage expose les principes de l'École sociétaire sur la politique colonisatrice, considérée comme un moyen de constitution de l'unité humaine. L'auteur s'attache à démontrer que tout grand peuple doit concourir à civiliser les barbares, et que le génie de la France la destine particulièrement à jouer un rôle important dans l'œuvre de la colonisation. Il critique vivement les procédés dont la civilisation a usé sur les terres conquises, et indique les règles générales que la justice et l'humanité imposent aux peuples imitateurs, à l'égard des peuples à l'état d'enfance.

Plus spécialement, l'auteur traite la question de Madagascar, et démontre la légitimité des droits de la France sur cette île. Il établit qu'à la colonisation de ce magnifique pays se rattachent les plus grands intérêts politiques et commerciaux de la métropole.

La partie historique contient des détails curieux sur les mœurs des Malgaches, sur le grand roi Radama, fondateur de la puissance Houva, et sur l'expédition française de 1829.

R. BOUDON.

Organisation unitaire des Assurances. Brochure in-8°. Paris, 1840. Prix. . . . . . . 2 fr. 50

Une contribution annuelle de 80 millions, répartie sur toute la France, pourrait couvrir les sinistres de toute nature auxquels les fortunes sont exposées; cependant les modes d'assurance organisés aujourd'hui n'atteindraient le même but qu'au prix de 300 millions de primes : bénéfice net que la nation pourrait réaliser : 220 millions. Les inondations du Rhône, et plus récemment l'incendie de Hambourg démontrent suffisamment les avantages d'une assurance universelle. L'auteur a parfaitement déduit les motifs de son projet, et les moyens d'exécution par une administration spéciale.

Réforme des Octrois et des contributions indirectes — *Question vinicole.* — *Question des bestiaux.* Brochure in-8°. Prix. . . . 75 c.

Dans ce travail, l'auteur, après avoir analysé les causes de la pléthore et de la souffrance de l'industrie vinicole, et les diverses taxes dont elle est surchargée, propose de reporter sur les valeurs locatives les droits d'octroi, et de recouvrer ces droits par l'intermédiaire des propriétaires, qui seraient chargés de les percevoir sur les locataires, comme les commerçants sont chargés de les percevoir, dans l'état actuel, sur les consommateurs. Cette réforme occasionnerait une économie de 80 p. 0/0 environ, dans les frais de perception de l'octroi.

Passant ensuite en revue les taxes multipliées des contributions indirectes, qui se nuisent toutes les unes aux autres, l'auteur propose de les remplacer par une taxe unique prélevée sur la patente des marchands de vin.

F. VIDAL.

*** Des Caisses d'épargne.** — I. Les Caisses d'épargne transformées en institutions de crédit. — II. Création d'ateliers de travail au moyen d'avances fournies par les Caisses d'épargne. Brochure in-8 de 5 feuilles. Prix. . . . . 1 fr.

Les fonds des Caisses d'Épargne s'élèvent maintenant à 350 millions. Ce chiffre effraie beaucoup d'excellents esprits.

Suivant l'auteur, le Trésor doit continuer à recevoir en dépôt toutes les économies, mais il doit donner à ces capitaux un emploi *productif*, et cependant *sûr*. Les moyens d'atteindre ce but sont développés par l'auteur avec la plus grande lucidité.

DE MONSEIGNAT, DÉPUTÉ.

—

A propos du Morcellement. Brochure in-8. (1844) Prix. . . . . 60 c.

Ce travail rapide et plein de faits a pour objet de démontrer que le principe de toutes les améliorations matérielles que la solution des problèmes économiques les plus pressants, dépendent des modifications profondes réclamées pour notre agriculture par tous les bons esprits. L'auteur étudie l'organisation des travaux agricoles, et en fait ressortir les vices. Il montre qu'en l'absence de tout lien de solidarité entre les propriétaires du sol et les ouvriers qu'ils emploient, ceux-ci ne portent aucun intérêt à la réussite des cultures, et mettent dans leurs travaux une insouciance, une négligence, et souvent même un mauvais vouloir qui nuisent beaucoup à la production.

La question chevaline, celle des irrigations, celle du reboisement et celle du crédit agricole sont abordées par l'auteur, qui n'a pas de peine à démontrer que toutes ces importantes questions viennent malheureusement échouer contre le *Morcellement*. M. de Monseignat fait une œuvre utile en appelant l'attention sur le plus grave obstacle que rencontrent aujourd'hui les améliorations agricoles, le Morcellement.

ÉDOUARD DE POMPÉRY.

—

Introduction religieuse et philosophique a la théorie de l'association et de l'unité universelle de Fourier. 1 v. in-8. Prix. . 6 fr. 50 c.

L'auteur de ce livre, avant d'arriver à la connaissance de la Théorie Sociétaire, s'était beaucoup occupé des systèmes philosophiques régnants; le but qu'il s'est proposé est de jeter une sorte de pont entre ces systèmes et la doctrine de Fourier. A part un ou deux points de métaphysique sur lesquels il s'écarte de l'opinion professée par l'École Sociétaire (1), l'ouvrage de M. de Pompery se recommande pour le fond et pour la forme. Certains aspects de la théorie y sont présentés d'une manière neuve et heureuse; le style a, en général, de la chaleur et du mouvement.

(1) Voir la *Phalange* des 13, 18, 27 juin et 8 septembre 1841.

SAMUEL LÉVÊQUE.

DIVISION DU TEMPS, PROJET D'ÈRE UNIVERSELLE, *suivi d'un nouveau calendrier universel dont la disposition convient à tous les peuples, et accompagné d'un nouveau calendrier perpétuel, dans la composition duquel n'entrent point les anciens éléments employés jusqu'à ce jour, tels que nombre d'or,* lettres dominicales, épactes grégoriennes, etc. Une brochure in-8. Prix. . . . . **1 fr.**

Cette petite brochure est très remarquable. Après avoir critiqué les méthodes actuelles adoptées pour la mesure du temps, l'auteur expose un nouveau *système de calendrier.* Dans ce calendrier, très simple et en même temps très commode, la semaine de sept jours est conservée, mais la longueur du mois est fixée d'une manière régulière, afin que *la date* du mois puisse être connue par le jour de la semaine, et *vice versâ.*

Le nouveau calendrier est composé : 1o d'un calendrier solaire indiquant, pour Paris, le lever et le coucher du soleil pour chaque jour de l'année.

2o D'un tableau perpétuel remplaçant l'usage des lettres dominicales, et indiquant au premier coup d'œil par quel jour de la semaine commencent les mois d'une année *quelconque.*

3o D'un tableau de concordance des jours de la semaine avec la date du mois.

4o D'une nouvelle table d'épactes astronomiques, destinée à remplacer le nombre d'or et les épactes grégoriennes.

5o Un tableau perpétuel des fêtes de l'année, qui dépendent de la fête de Pâques.

6o Une table de cette dernière fête.

En somme, le calendrier de M. Lévêque est le plus simple et le plus complet : en même temps il est plus commode que tous les autres.

D. L. RODET.

SIMPLE EXPOSITION DE LA QUESTION DES SUCRES. *Extrait de la Phalange, mai 1843.* Brochure in-8. 2 feuilles. Prix. . . . . **75 c.**

VICTOR HENNEQUIN,
Avocat à la Cour royale de Paris.

INTRODUCTION HISTORIQUE A L'ÉTUDE DE LA LÉGISLATION FRANÇAISE.—*Première partie* : **LES JUIFS.** 2 forts volumes in-8. . . . . . . 12 fr.

L'auteur de cet ouvrage ne s'est proposé pour unique but que de faire connaître l'histoire et la législation des Juifs, bien qu'elles présentent un grand intérêt religieux. Comparant les institutions des Hébreux avec celles des Égyptiens, des Abyssiniens, et de plusieurs autres nations, il a voulu préparer des matériaux pour l'histoire générale de l'humanité. On trouve à la fin du second volume un catalogue de 300 ouvrages concernant la Bible et les peuples orientaux.

OUVRAGES EN ANGLAIS.

SOCIAL DESTINY OF MAN : or, Association and Reorganisation of industry, by ALBERT BRISBANE. One vol. in 12. Philadelphia, 1840. Prix. 7 fr. 50

Cet ouvrage est composé en grande partie d'extraits des ouvrages de Ch. Fourier, traduits en anglais avec concision et avec goût, et coordonnés sur un plan simple et méthodique. Ce manuel phalanstérien a rendu et rendra encore en Amérique de grands services à la cause sociale, qui est celle de tous les peuples du monde.

CHARLES FOURIER'S THEORY OF ATTRACTIVE INDUSTRY AND THE MORAL HARMONY OF THE PASSIONS, translated from the French of ABEL TRANSON, civil engineer, to which is prefixed a Memoir of Fourier, by HUGH DOHERTY. One vol. in-8. London, 1841. Prix. . . . . 3 fr.

Autre sommaire de la Théorie sociétaire, moins détaillé que le précédent. Il appartenait à l'habile rédacteur du *London Phalanx*, de faire pour l'Angleterre ce que M. Albert Brisbane avait fait pour les États-Unis.

PUBLICATIONS PÉRIODIQUES
DE L'ÉCOLE SOCIÉTAIRE, A PARIS.

Le but de ces publications périodiques a été d'abord de vulgariser les doctrines de l'École et surtout celles qui fouchent à la Réforme industrielle. Les principes fondamentaux paraissent enfin posés et suffisamment établis dans les livres, les brochures et les deux premières Séries de la Publication périodique, celle-ci a été rendue plus fréquente afin que le Journal de l'Ecole se mêlant au mouvement des idées de l'époque, pût traiter de son point de vue scientifique les questions politiques ou sociales que les événements font surgir.

———

La Réforme Industrielle ou le *Phalanstère* (1re série), années 1832 et 1833. Cette publication, qui contient un très grand nombre d'articles de Fourier, a formé 2 vol. grand in-4°. Il manque six numéros à chacun des exemplaires en vente. Les numéros seront établis et envoyés *gratuitement* à chaque souscripteur dès qu'il y aura 20 exemplaires d'écoulés.—Le prix de ces 2 volumes est de. . . . . 80 fr.

———

La Phalange (2e série), journal de la Science Sociale, faisant suite au précédent. Cette publication a paru deux et trois fois par mois pendant quatre années, de 1836 à 1840 : elle forme 3 vol. grand in-4°, avec Tables de matières. Prix. 80 fr.

On peut acquérir les vol. séparément au prix de :

Le 1er vol. . . . . 52 fr.
Le 2e vol. . . . . 22 fr.
Le 3e vol. . . . . 6 fr.

———

La Phalange (3e série), journal de la Science sociale, faisant suite au précédent. Ce journal abordant de plus en plus les questions d'actualité, a paru trois fois par semaine depuis le 2 septembre 1840) jusqu'au 31 juillet 1843, époque où la *Phalange* est devenue journal quotidien sous le titre de **Démocratie Pacifique**.

———

La *Phalange* (3e série) contient 6 volumes grand

in-4° de différentes grosseurs, avec Table des matières.

Prix des 6 vol. . . . . 70 fr.
Chacun des 4 premiers vol. . . . . . . : 9 fr.
Le 5e vol. . . . . 12 fr.
Le 6e vol. en deux parties comprenant
13 mois. . . . . 24 fr.

La Collection complète sara donnée au prix de 180 fr.

LE CARTONNAGE EST PAYÉ 1 FR. 50 C. EN SUS PAR VOLUME.

ON PEUT SE PROCURER DES NUMEROS ISOLÉS

dans chacune des trois séries, au prix de :

pour un numéro

De la *Réforme industrielle* (1re série). 50 c.
De la *Phalange*   (2e série). 50 c.
De la *Phalange*   (3e série). 30 c.

LA LIBRAIRIE SOCIÉTAIRE

Va publier, pour aider à la propagation de la théorie de FOURIER, plusieurs petites brochures à bon marché. Déja elle a fait paraître le

LE SEPT AVRIL.

Prix. . . . . 20 c.

Incessamment il en paraîtra d'autres.

TABLE DES MATIÈRES.

→⇒⊃⊃⊙ IMPRIMERIE LANGE LÉVY ET COMP., ⊙⊂⊆⊂←
Rue du Croissant, 16.

www.ingramcontent.com/pod-product-compliance
Lightning Source LLC
Chambersburg PA
CBHW070930280326
41934CB00009B/1816